ऐ लड़की

ऐ लड़की

कृष्णा सोबती

ISBN : 978-81-267-1605-0

मूल्य : ₹395

पहला संस्करण : 1991
सातवाँ संस्करण : 2023

प्रकाशक : राजकमल प्रकाशन प्रा.लि.
1-बी, नेताजी सुभाष मार्ग, दरियागंज
नई दिल्ली-110 002

शाखाएँ : अशोक राजपथ, साइंस कॉलेज के सामने, पटना-800 006
पहली मंजिल, दरबारी बिल्डिंग, महात्मा गांधी मार्ग, प्रयागराज-211 001
1, अनमोल सोराबजी संतुक लेन, धोबी तलाव, मरीन लाइंस, मुम्बई-400 002

वेबसाइट : www.rajkamalprakashan.com
ई-मेल : info@rajkamalprakashan.com

मुद्रक : बी.के. ऑफसेट
नवीन शाहदरा, दिल्ली-110 032

AAI LARKI
Novel by Krishna Sobti

ऐ लड़की

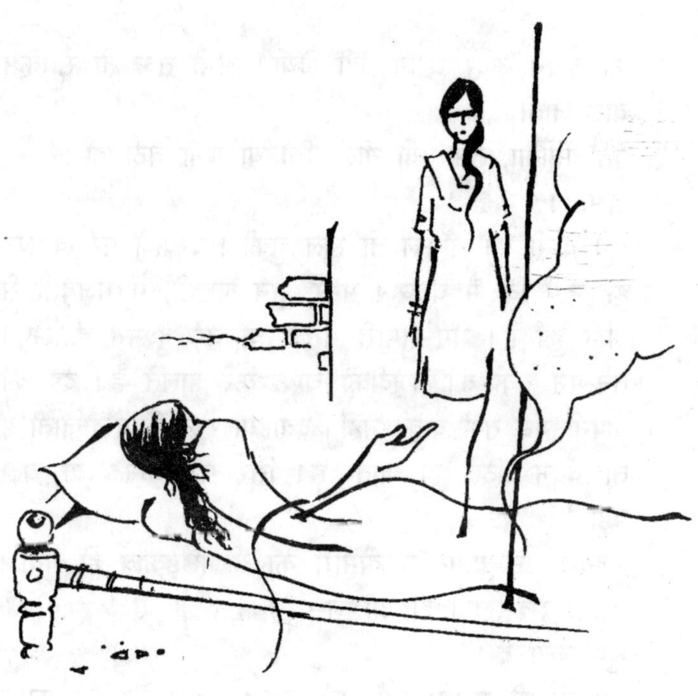

— ऐ लड़की, अँधेरा क्यों कर रखा है ! बिजली पर कटौती ! क्या सचमुच ऐसी नौबत आ गई !

— अम्मी, घर की सारी बत्तियाँ जगी हैं। टेबल लैंप अलग से।

— तो क्या मैं ही रोशनी को अँधेरा कहने लगी हूँ ! नहीं-नहीं, अभी मेरे होश-हवास दुरुस्त हैं। हाँ, तुम्हें अँधेरे में चाँदी के साँप दिखते हों तो बात दूसरी है !

चुप क्यों हो गई ! ज़बान हिलाने से कतराने लगी ! और तो और, इस सूसन की भी आँखें गूँगी हो गईं !

खटका किस बात का है तुम लोगों को !

— अम्मी, अपने को ढीला छोड़िए। बीमारी की तकलीफ क्या कम है !

— यह तो ठीक कह रही हो। पर इतना जान रख, मैंने बीमारी

को अपने अंदर धँसने नहीं दिया। अभी तक तो सबकुछ चाट जाती।

यह बताओ, तुम क्यों नीली चिड़िया बनी बैठी हो !

– अम्मी !

– मेरी देहरी की साँकल तो खुल चुकी ! दरवाजे पर खटखट हुई नहीं कि मैं बाहर ! मगर, सुन लड़की, मैं मज़बूती से अड़ी हुई हूँ। रोग-बीमारी मनुष्य के बड़े दुश्मन हैं...अपने तन-मन तक की नज़दीकी चाक कर डालते हैं। देह की अपनी गंध तक बाक़ी नहीं। दवाइयाँ ख़ून में घुल जाती हैं तो बदन डंठल हो जाता है। सिर पर जाने क्या चढ़ा पड़ा है।

लड़की, इस कमरे में बीमारी का ही छिड़काव हो गया ! पुराना रख-रखाव ही ओझल–

– धूप जला दूँ !

– ना, तुम्हारी सूझत कहाँ चली गई ! यह मरीज़ का कमरा है। पूजाघर थोड़े है। हाँ, गुलदान में गुलाब लगा सकती हो, सुगंध आती रहेगी।

भला कहाँ देखे थे बड़े-बड़े सुर्ख गुलाब ! याद ही नहीं आ रही। कहीं दिमाग़ पर भी तो पपड़ियाँ नहीं जम गईं !

– अम्मू, यह फिक्र करनेवाली बात नहीं। फूल तो आँखों के सामने आते ही रहते हैं। हर जगह याद ही रहे, यह जरूरी नहीं।

– दवाओं ने अंदर खलबली मचा रखी है। मैं भ्रांत हो गई हूँ। पर यह बता लड़की, तुममें यह बदलाव कैसा ! तुम्हारा हुंकारा पहले जैसा नहीं रहा। आवाज़ की चिकनाई गायब होती जा रही है !

– अम्मू, कुछ ठंडा आए पीने को !

– बात बदल दी न ! चलो यह भी मंजूर है। कुछ भी दो। जो

तुम्हारे भंडारे से निकले !

मेरी बात सुन लड़की, रिश्ते अब अदल-बदल हो गए हैं। बेटी होकर तुम मेरी माँ बनी हो और मैं...चल मुझे छोड़– वह जो मेरा मरीज़ है न...

– कौन अम्मी !

– वही डॉक्टर !

अम्मी हँसती हैं !

– मुझे अपनी बीमारी समझ में आ रही है पर उसे नहीं। देहात्म का निस्तारा तो किसी-न-किसी बहाने होना ही है।

ऊँघ।

फ़ोन बजता है।

अम्मू चौंककर–

– किसका फ़ोन था।

– चचा के यहाँ से था।

– खुलासा तो कर लड़की, मेरे कि तुम्हारे चचा !

– छोटे चचा थे।

– मेरे देवर ही न ! मुझसे बात ही करवाई होती ! अब वह तुम्हारे चचा ज़्यादा हो गए और मेरे देवर कम ! ऐसे बात करती हो जैसे वह मेरा पराया हो। अभी तो मैं जीती-जागती हूँ।

– चचा आपका हाल पूछ रहे थे।

– मेरी बीमारी की बात सबको बढ़ा-चढ़ाकर तो नहीं बता रही ! मैं ब्याहकर आई तो छोटा-सा था। चार-पाँच का रहा होगा। किसी नटखट लड़की ने मेरी गोद में बिठा दिया...

– आप शरमाईं !

– मैं थी तो दुल्हन पर वह तो बच्चा था। नन्हा-सा मेरा

देवर। बस मैंने सहलाकर चूम लिया ! बड़ी मनभावन घड़ी थी वह ! देख-देख लड़कियाँ, बड़ी-बूढ़ियाँ हँस-हँस गईं। मेरी गोद सगुणों से भर गई। नारियल, बादाम, छुहारे...

वैसे बूढ़े-बीमारों का हाल-चाल पूछना हफ़्ते में एक बार भी काफी होता है। अभी मैं कुछ देर हूँ !

मेहनत से कमाया हुआ जिस्म है। घुलते-घुलते भी वक़्त लगेगा। सुन रही हो न ?

— जी !

— लड़की, बूढ़ों के लिए न दिल में जगह रहती है, न घर में। मैंने तो पूरा कमरा घेर रखा है। बाद में फ़र्श बिछाकर अपना संगीत रख लेना।

— अम्मू, ऐसी बातों की क्या ज़रूरत है ?

— कुछ नहीं ! यूँ ही फड़फड़ा रही हूँ !

तुमने मेरा पिछला वक़्त निभा दिया, अच्छा किया।

माँ बनकर मैंने तुम्हें दूध पिलाना था और तुमने बेटी बनकर पीना था।

लड़की, यह बंधन निरे हाड़-मांस का नहीं, आत्मा का है। एक-दूसरे से गुँथा हुआ। पर री, जाने क्यों तेरा मणका अलग जा पड़ा है !

कहाँ जा रही हो ! उठ क्यों रही हो ! अभी यहीं बैठी रहो मेरे पास।

अम्मू ऊँघ जाती हैं।

छोटी-सी नींद से जगकर–

— सो गई थी मैं। आँखों के आगे तुम्हारी नानी का मुख झिलमिलाता रहा। जाने कितने बरसों बाद माँ सपने में दीखी। वही उसका हरा मूँगिया जोड़ा और ओढ़नी में से

झाँकता उसका स्तन।

अम्मू तनिक हँसती हैं।

– देख रही हूँ सपना पर मन में यह कि थोड़ा-सा दूध और क्यों न पी लिया।

अभी छोटी ही थी मैं कि अगली बहन आन पहुँची।

जब-जब माँ को दूध पिलाते देखती तो मैं मगन-सी हो जाती। टकटकी लगाए देखती रहती।

एक दिन माँ ने पूछ ही लिया–क्यों री, ऐसे क्या देखा करती हो ! तुम छोटी थी तो तुम भी इसी तरह गोद में लेटकर मेरा दूध पिया करती थी।

मैंने माँ से पूछा–एक बार और पी लूँ !

लड़की, मेरी बात सुनकर माँ गुस्सा न हुईं ! ठुड्डी छूकर कहा–मुनिया, माँ का दूध एक बार छूट जाता है तो दुबारा मुँह नहीं लगता ! अब यह तेरी छोटी बहन का हिस्सा है। इसका अरमान नहीं करते। यह क़ुदरत का नियम है। बड़ी होकर सब समझ जाओगी।

– लड़की, उस दिन की ही तो बात लगती है ! जब माँ बैठी छोटी बहन को दूध पिला रही थी।

बच्चा हो गोद में तो समझो तीनों लोक एक मिश्री के कूजे में। हाँ, माँ को खुराक खानी पड़ती है। बच्चा सब खींच लेता है।

एकाएक लड़की को घूरकर–

– इस चमत्कार का तुम्हें क्या पता ! इसकी जानकारी किताबों में नहीं मिलती। दीवारों को देखते चले जाने से उन पर तसवीरें नहीं खिंचतीं ! ऐसा हो सकता तो जाने तुम क्या-क्या न आँक लेतीं। न लड़की, सेमल के पेड़ से भी कभी सेब उतरते होंगे !

लड़की खीजकर उठ खड़ी होती है।

– मैं तुम्हें चुभा थोड़े रही हूँ। सखी-सहेलियाँ भी ऐसी बातें कर लेती हैं।

– मैं किसी से ऐसी बातें नहीं करती और न ही सुनती।...

– कैसे सुनोगी ! सब सपाट है। बीहड़। मुझे तो कुछ दीखता नहीं। क्या तुम्हें दीखता है !

लड़की तमतमाई-सी कमरे से बाहर हो जाती है।

अम्मी अपने ख़यालों में–

– पहले इनसान बनाता है। जमा करता है। यह मेरा है। यह भी मेरा है। फिर धीरे-धीरे मुट्ठी खुल जाती है। सब सरकने लगता है।

देह तो एक वरण है। पहना तो इस लोक में चले आए। उतार दिया तो परलोक। पर-लोक। दूसरों का लोक। अपना नहीं।

जाने कितने नक्षत्र स्थित हैं इस ब्रह्मांड में। कोई जीनेवालों का। कोई मरनेवालों का। और कोई हम जैसे बीमारों का। सूसन, मेरी बात सुन। यह बुढ़ापा आदमी की सारी शोभा खींच लेता है। जिस पर भी उतरे यह समय, बहुत बुरा।

फुसफुसाकर अपने से ही–

– आप्रेशन, डॉक्टर, दवापट्टी, इंजैक्शन, गुलूकोस, आक्सीजन... डॉक्टर बनकर जिस्म को फरोल डाला। मार सैकड़ों सुइयाँ चुभो डालीं। बदन में अब रह ही क्या गया ! सिर्फ़ आवाज़ बाक़ी है।

छत को देखते रहो या आँखें मूँदे अपने पिछवाड़े को। कभी तो ऐसा भासता है ज्यों किन्हीं तहख़ानों में जा उतरी होऊँ। पुरानी-से-पुरानी परछाईं आँखों में घूम जाती है। सोचें तो व्यतीत से भी क्या डरना ! अगन से पहले का धुआँ है !

क़ुदरत ने काया की जड़त तो सौ साल के लिए बना रखी है ! गिरकर टाँग न टूट जाती तो मैं अच्छी-भली थी !

सूसन दवा पिलाकर बत्ती हल्की करती है–

– अम्मीजी, थोड़ी नींद ले लीजिए।

– सूसन, तुमने मेरी बड़ी सेवा की है। कैसे उतारूँगी ! कभी-कभी तो अपने को गुनहगार समझने लगती हूँ।

लड़की को अंदर झाँकते देख–

– चली आओ। आ जाओ। कुछ देर मेरे पास बैठो। सुनो, मैं झाड़-झंखाड़ में से गुज़र रही हूँ। पहाड़ी पर देखी है न झड़बेरी, काँटेदार ! मेरे सिर में वही उगी पड़ी है।

– अम्मी, नींद की गोलियों का असर है।
– लड़की, लगता है सूखे पत्तों की रूखी बारिश हो रही है। पनीली बरसात नहीं।

– लड़की, पहले माँ-बाप अँगुली पकड़ बच्चों को क़दम भरना सिखाते हैं। फिर वही बूढ़े होकर अपने बच्चों के बच्चे बन जाते हैं।
तुम्हारे बोझ को समझती हूँ। क्या बहुत थक गई हो ! दो-चार दिन कहीं बाहर क्यों नहीं लगा आती !
– थकन नहीं अम्मू, जकड़न में जकड़ी हुई हूँ।
– लड़की, बीमारी का खौफ़ है। तुम्हारा भार-तौल अच्छी तरह जानती हूँ। उछाह और उदासी–तुम्हें दोनों रास नहीं आते। यह मनाओ कि अगला वृत्त जल्दी आए और तुम्हारी माँ भी छुटकारा पाए !
– अम्मू, यह क्या सोच रही हैं आप ! मन की शक्ति लगाइए और ठीक हो जाइए। आपकी इच्छा-शक्ति को तो डॉक्टर भी सराहते हैं।
– कहती तो ठीक हो। बचपन में मैं अपनी हवा से ऊपर उठ जाती थी। बदन में बड़ी मज़बूती थी। अंदर अग्नि का कुंड होता है। शरीर उसी से सेंक खींचता है। पर लड़की, मेरे दोनों डॉक्टर तो उसे ठंडा करने पर तुले हैं।

थोड़ी देर ऊँघकर–
– तुम लोगों ने तो मुझे बूढ़े ही देखा है। उस लड़की को नहीं जो तुम्हारी माँ बनने को थी। जाने कितनी पुरानी बात हो चुकी। किसी दूसरे जुग की घटना लगती है। दूसरा ! दूसरा ही तो !

न आकाश समाप्त होता है और न धरती। सिर्फ़ पाँववालों की दौड़ शेष हो जाती है।

एकाएक चौकस होकर—

— लड़की, अनाप-शनाप तो नहीं बोल रही ? बोलने लगूँ तो टोक दिया कर।

लड़की कुरसी से उठ खड़ी होती है।

— अभी न जाओ। कुछ देर बैठी रहो। उस कमरे में तुम्हारा क्या पड़ा है ? है कुछ ? अगर है तो मुझे बता दो। मुझे जानना चाहिए। मैं जानना चाहती हूँ।

— नहीं, कुछ भी नहीं !

अम्मू अपने आप—

— सिर-मस्तक-मुख-नेत्र-नाक-कान-कपोल-हाथ-पाँव-कटि, रचने वाले ने भी क्या रच डाला ! अंदर लगा दी पल-छिन वाली घड़ी। न एक साँस ज़्यादा और न कम। जो इस दुनिया में घर बनाकर बैठते हैं उन्हें आख़िर तो सरकना ही पड़ता है।

— अम्मू, कुछ और बात करें।

— विरक्त हुई पड़ी हो। जो तुमसे बाहर हो रहा है भला उससे भी क्या ऊबना ! झुँझलाना ! मरीज़ पड़ा है, पड़ा रहने दो। बुलाया तो हाँ कह दिया, कुछ माँगा तो आगे कर दिया।

— अम्मू, आप बड़ा सख़्त इम्तहान लेती हैं।

— नहीं लड़की ! अब किसी को जाँचने-तौलने का मेरा धर्म नहीं। तुम्हें बार-बार बुलाती हूँ तो इसलिए कि तुमसे अपने लिए ताक़त खींचती हूँ। तुम्हें देखकर लगता है अभी हूँ ! हूँ अभी !

— अम्मी, मन को क्या-कुछ घेरे रहता है ?

– लड़की, यह बतानेवाली बात नहीं। संताप। ऐसा कि हर किसी को अकेले ही झेलना पड़ता है।

– मम्मू, क्या बहुत तकलीफ है ?

– नहीं, ज़्यादा नहीं। हाँ, अगली-पिछली सब आँखों के आगे जुटी रहती हैं।

लड़की, मेरा ध्यान पलटा दिया कर। मेरी सुध-बुध मुझे कुछ ठीक-सी नहीं लग रही। अजीब भुतैले-से दिन-रात कमरे में छाए रहते हैं।

– अम्मू, क्यों न पहाड़ों की बातें करें ? क्या शिमला से शुरू करें ?

– मेरा पहला पहाड़ी सफ़र कालका से शिमला ही था।

ब्याहकर सबसे पहले वहीं गई थी। दिल में ख़ूब उमंग उल्लास।

कालका से छोटी गाड़ी में बैठी तो खिड़की से बाहर ही देखती रही। पहाड़ों के सिलसिले और ऊँचे घने पेड़। बुरूस के फूल तो ऐसे ज्यों पताकाएँ लहराती हों !

अम्मू सहसा आजिज़ी से–

– लड़की, उन राहों को क्या एक बार देख सकती हूँ ? मुझे वहाँ ले जा सकती हो क्या ?

– क्यों नहीं ! आप ज़रा बेहतर महसूस करें तो जाने की बात सोची जा सकती है।

– परचा रही हो। पर चलो, यह सुनना भी अच्छा लगता है !

– अम्मू, फिर कालका-शिमला सफ़र में क्या कुछ हुआ ?

– तुम्हारी दादीमाँ ने रास्ते के लिए एक टोकरी बना रखी थी। नीबू, संतरे, अचार, चूर्ण, आमपापड़। ज्यों ही गाड़ी सुरंग से बाहर निकले, मुझसे पूछें–बहू, चक्कर तो नहीं आ रहा ? दिल तो नहीं घबरा रहा ? न कहकर मैं दुबारा

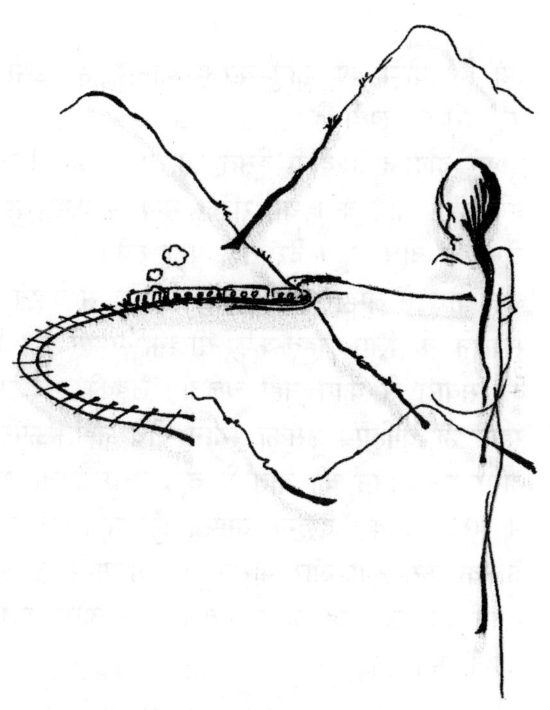

खिड़की से बाहर देखने लगूँ।
तुम्हारे पिताजी को मेरी यह 'न' पसंद न आई।
रौब से बोले—जवाब तो ढंग से दो। हो ही नहीं सकता कि तुम्हें चक्कर न आता हो।
तुम्हारे दादा साहिब साथ थे इसलिए कुछ कहने में संकोच हुआ। फिर सोचा सही बात कहने में हर्ज भी क्या है !
मैंने कह ही दिया—मेरा फ़ैसला है कि मुझे चक्कर नहीं आना चाहिए तो आएगा कैसे !
तुम्हारे पिताजी के तेवर चढ़ गए—यह पहाड़ी घुमाव हैं, यहाँ अपने फ़ैसले काम नहीं आते !
दादा साहिब ने बेटे को गुम-सा इशारा किया और हँसकर कहा—हम अपनी बेटी से बहुत खुश हैं। घुड़सवारी करती

रही है। घोड़ों को काबू करना जानती है। इसी से अपने पर भरोसा रखती है।

तुम्हारे दादा-दादी दोनों हँसते रहे, पर तुम्हारे पिता ख़ामोश बने रहे ! जाने क्या था, सहज भाव से कही यह बात हम दोनों के बीच बहुत देर तक पड़ी रही।

बीच-बीच में तुम्हारे पिता बड़ी गंभीरता से कहते–अपने को सँवारने के लिए बहुत-कुछ सीखना पड़ता है। सिर्फ़ घोड़े की सवारी से काम नहीं चलता। लड़की, मर्द का दबदबा रहना ही चाहिए। उसका स्थान नीचे नहीं, ऊपर है।

अगर पुनरागमन की बात में कुछ तत्त्व है तो अगले जन्म में पुरुष बनकर देखना चाहती हूँ। पता तो लगे चलवंत सैनिक कैसे स्त्री और परिवार पर छाया रहता है।

हँसने की नहीं, यह गहरी बात है। हर औरत इसे समझती-बूझती है।

छोटी-सी नींद के बाद–

– फिर चाय पी रही हो ! दूध में कुछ ले लिया करो ! थकन घुल जाती है।

– अम्मू, आप अब कुछ ताज़ा महसूस कर रही हैं न ?

– हाँ। तुमसे बात करते-करते सो गई। जाने ख़याल कहाँ अटका हुआ था। सपने में देखती हूँ, गाढ़ी धुंध में चली जा रही हूँ। कभी लगे जाखू राउंडवाली चढ़ाई पर हूँ। कभी भान हो टूटी कंडीवाली उतराई उतर रही हूँ।

चल अकेले रही थी, पर कोई आहट मेरे पीछे-पीछे भागती आती रही। पहचान करने की कोशिश की तो एड़ीदार जूती की आवाज़ पीछा कर रही थी।

सपने की बात देखो, समरहिल की सुरंग के पास पहुँचकर

एकाएक पहचान लेती हूँ कि यह आवाज़ तो मेरी अपनी जूती की है। मेरी बड़ी पुरानी जूती थी। शादी के बाद तुम्हारे पिताजी ने चीनी शू-मेकर से बनवाई थी। क्रीम रंग का हल्का चमड़ा, रेशम जैसा नरम। छोटी-सी एड़ी। चलने में ऐसी हल्की कि आँख झपकते मशोबरा पहुँच जाएँ। लड़की मैं चलती भी बड़ा तेज़ हूँ। न री ? कभी चलती थी ! अब कहाँ ! ज़रूर अहंकार किया होगा।

सामने आ गया।

लंबी चुप्पी के बाद अम्मू आँखें खोलती हैं–

– बर्फ़ ख़ूब पड़ी है। गिरजा मैदान बर्फ़ से ढँका पड़ा है। गिरजे की घड़ी भला क्यों बंद हो गई ! कब से घंटे नहीं बजे ! ज़रा देखना तो वक़्त क्या है ?

लड़की कलाई की घड़ी देखती है।

– चार।

अम्मी अपनी ही रौ में–

– कालका पहुँचने ही वाले हैं। बड़ोग तो कब का निकल चुका। वहाँ जैसी चाय कहीं नहीं।

लड़की टेबल-लैंप के पार टुकर-टुकर देखती है।

अम्मू हाथ से बिस्तर टटोलकर–

– मेरा फ़र वाला कोट कहाँ है ? पहने हुए थी न मैं ! ऊपर की सीट पर तो नहीं पड़ा ! ढूँढ़ो ! मेरी पसंद का कोट है। इसकी फ़र तुम्हारे पिताजी किसी भोटिया से लाए थे। मिला ?

– जी आपकी आलमारी में पड़ा है।

अम्मू देर तक ख़ामोश हुई रहती हैं।

फिर भड़ककर तीखी आवाज़ में–

– तुम लोगों ने मेरे सामान को अभी से इधर-उधर करना शुरू कर दिया। बुरी बात है यह !

सूसन, कैबिनेट में से मेरी ऐनक निकालकर लाओ। मेरे दाँत भी ब्रश से साफ़ करके दो। भला तुम्हें इसका ख़याल क्यों नहीं आया ! मरीज़ के लिए यह तुम्हारी ड्यूटी है। देख रही हो न लड़की, इसकी लापरवाही !

मेरे पर्स में मेरी चाबियाँ भी पड़ी थीं। मुझे दिखाओ लाकर–पड़ी भी हैं कि नहीं।

लड़की आलमारी में से पर्स निकालकर माँ को देती है।

अम्मी पर्स खोल चाबियों का गुच्छा देखती हैं।

फिर कुछ याद हो आने की मुद्रा में–

– इसमें मेरी गिन्नियाँ भी थीं।

– अम्मू, निश्चिंत रहिए। लॉकर में पड़ी हैं।

अम्मू गहरी सोच में आँखों से कमरा टटोलती हैं–

– एक बात तो बता लड़की, बहुत दिनों से तुम्हारे पिताजी को नहीं देखा, कहाँ हैं ?

लड़की माथे को छूकर–

– अम्मी, थोड़ा आराम कर लो। फिर सुबह की चाय बनाएँगे।

अम्मी हताश-सी दरवाज़े की ओर देखती हैं। फिर कमज़ोर आवाज़ में–

– मुझे कुछ खाने को दो। मेरा मुँह सूख रहा है।

लड़की सूसन से–

– मेवेवाला डिब्बा ज़रा देना।

बीज निकालकर लड़की अम्मू के मुँह में मुनक्के डालती है।

अम्मी देर तक चुभलाने के बाद–

– जाती बहार का मेवा है लड़की, यह सुख है सुख। बादाम का पेड़ कभी देखा है तुमने ? नहीं देखा ! ओ हो, कैसे

देखती तुम ! लड़की, उस एक ही सुख में से कई सुख उपजते हैं। नहीं मिला न तुम्हें !

भोर।

लड़की खिड़की-दरवाज़ों के परदे खींच उजाला करती है। अम्मी देर तक घूरती हैं। एकाएक तीखी आवाज़ में—

— मेरा यह काम तुमने कबसे सँभाल लिया !
आख़िर मुझे सरकाकर तुम 'मैं' बन ही गई न ! यह काम तो उम्र-भर मेरे जिम्मे रहा। पहले परदे खींच लिए, फिर खींच दिए।

— अम्मू, आप कुछ सो पाईं ?

— हाँ। पहले पहर ही।
लड़की, भोर बड़ी संपदा है। जिसने सोकर इसे गँवाया, उसने बहुत-कुछ खो दिया। आँखों से न रात और दिन का मिलन देखा और न उनका अलग होना। पंछी जब चहचहाते हैं उषा की ललाई में, तो पूरी सृष्टि गूँज उठती है।
सुबह का उठना बड़ा मंगलकारी है। तुम्हारा कुनबा रात को नहानेवाला। पर लड़की, मैंने इस परिवार की देखा-देखी अपना नियम नहीं बदला। मुँह-अँधेरे स्नान।
पड़ती बर्फ़ में मैं सुबह-सुबह अकेली ही जाखू राउंड लगा आती थी। तुम्हारे पिताजी उठते थे देर से। लौटकर उन्हें चाय दिया करती थी।
लड़की, सरदियों में बानर सेना जाखू से उतरकर सड़कों पर फैल जाती। इधर-उधर कूदती-फाँदती रहती। एक सुबह मुझे घेर लिया। छड़ी तो हाथ में थी, पर मैं रुककर प्यार से बोली—न बेटा, माँ को जाने दो। कल तुम्हारे लिए चने लाऊँगी।

लड़की, बानर सब समझते हैं। किनारे हो गए और मुझे रास्ता दे दिया।

— अम्मू, और चने ?

— अगले दिन ले गई।

— यह दीख रही है मुझे गिरजा मैदान वाली सड़क और शिमला वाले घर का बड़ा कमरा। बर्फ़ों में दिन-रात अँगीठी जलती रहती। जाने कहाँ खिसक गए वे दिन !

— सूसन, अम्मू को धो-पोंछ दिया है क्या ?

— क्या बात कर रही हो ! मैं कपड़ा थोड़े ही हूँ जिसे धो-धुलाकर सूखने को फैला देगी।

कुल्ला कर लिया, हाथ-मुँह धुलवा लिया, बिस्तर बदलवा लिया। अब तो सुबह के अम्ल का इंतज़ार है। चाय।

लड़की चाय की ट्रे मेज़ पर रखती है।

— यह लीजिए, गाजर का मुरब्बा।

अम्मू खुश होकर–

— मुरब्बा ही काफी था। ऊपर से मलाई काहे डाली ? तुम्हारी तालीम पूरी नहीं ! करोगी तो बारिश सराबोर, नहीं तो रखोगी बिलकुल सूखा !

सहसा तेवर चढ़ाकर–

— कहीं इसी जन्म में ही तो सब कुछ नहीं लौटा रही कि चलो लेन-देन का सिलसिला ही ख़त्म हो ! तुममें अदाकारी की कमी नहीं। आखीर तक खींचती जाओगी ! जानती हो न, खाने-पीने के अलावा माँ में अब कोई सूझ बाक़ी नहीं।

सूसन सिरहाना रख अम्मी का सिर ऊँचा कर, चाय का प्याला देती है।

अम्मी हाथ में लेकर उमंग से,

— चाय पियो, लंबी आयु जियो–चाय कंपनी का यह नारा

मुझ पर खरा उतरा है। इसी का प्रताप समझो कि अब तक हूँ।

घूँट भरकर—

— मेरी उम्र के पहले अट्ठारह बरस अलग निकाल दो। तब तक तो पीती रही दूध। उसके बाद दिन में चार प्यालों के हिसाब से गुणा कर यह निकालो कि इस औरत ने कुल कितने प्याले चाय पी।

अम्मू हँसती हैं—

— पता नहीं, अभी कितने प्याले और बाक़ी हैं।

लड़की अपना ख़ाली प्याला मेज पर रख देती है—

— अम्मू, आपकी पसंद का रिकार्ड लगा दूँ ?

— पहले दूसरा प्याला बनाओ। सुबह की चाय किसी संगीत से कम नहीं। पानी हो ठीक खौला हुआ, प्याला हो गरमाया हुआ, केतली में पत्ती हो जानदार, फिर इससे मीठी लय-सुर कौन-सी !

सूसन हँसती है—

— अम्मीजी, आपको तो चाय कंपनी से इनाम मिलना चाहिए था !

— मुझे मिल चुका है। नुमाइश के कूपन पर डिब्बे मिले थे। लिपटन ग्रीन के। लड़की, मेरे रसोईघर में कई फेर-बदल हुए, पर चाय वही लिपटन ग्रीन। बच्चो, यह बरकत जीनेवालों की है। जब तक जियो, पीते रहो। पीते रहो। बाद में यह प्याला तो लावारिस पड़ा रह जाएगा।

केतली से चाय उँड़ेलते लड़की का हाथ थम जाता है।

— न-न, रोको मत। प्याले को अधूरा रखना ठीक नहीं।
उसकी भी कोई इज़्ज़त है।
दूसरों को पिलाता है, पर खुद नहीं पी सकता।
सोचो, जिस घड़नेवाले ने इसे पहली बार घड़ा होगा,

उसे क्या पता होगा कि उसने क्या बना डाला।

लड़की, प्याला बना ही इसलिए कि उठाओ और पी जाओ। जब तक पी सकते हो, पीते रहो।

लड़की खिलखिलाकर हँसती है–

– अम्मू, एक बार फिर से हो जाए...

अम्मू पहले हैरानी से घूरती हैं, फिर ग़ुस्से में–

– फिर से क्या हो जाए ? मज़ाक़ उड़ाती हो ? मुझे बीमार समझकर टोंचती हो ? बहुत बुरी बात है।

– नहीं-नहीं अम्मी, ऐसा न सोचिए।

– हूँ...! मैं ही बेकार सोचने पर लगी हूँ ! समुद्र किनारे बैठी लहरें गिन रही हूँ न ! जानती हो, तुम मुझसे बकारा करवा रही हो।

– अम्मू, मैंने तो भोले भाव से कहा था। आपको बुरा लगा, माफ़ी माँगती हूँ।

– यह न भूलो कि तुम माँ से बात कर रही हो, फ़ोन पर टाफियाँ नहीं बाँट रहीं। किसी को हँसकर, किसी को मज़ाक़ से, किसी को शोख़ी से। बारीक़ी से सोचो तो तुम अपने-आप में हो क्या ! तुम-सी तो नानी-दादी बन चुकी हैं। अपने दिल से अब भी नई-नवेली बनी फिरती हो !

लड़की दीवार पर आँखें गड़ाए रहती है।

– तुम इन दिनों किस बात की इंतज़ार में हो, यह मैं अच्छी तरह जानती हूँ। यही न कि माँ जाए और फ़ुरसत हो। इतना बता दो कि खुदमुखत्यारी चलाओगी किस पर ! तेरी पंक्ति में कोई नहीं !

न किसी की माँ, न दादी, न नानी। लड़की, तुम हो वनस्पति-कुश-घास-तिनका ! जो कह रही हूँ वह समझती तो हो !

लड़की चीखकर–

– बस अम्मी !

– कुछ अनुचित नहीं कहा। ठीक ही कह रही हूँ। यह बात किसी और तरह नहीं कही जा सकती।

लड़की कुरसी से उठ खड़ी होती है।

– कहाँ जा रही हो ?

– ताज़ा चाय लेकर आती हूँ। क्या इलायची डले ?

– मेरे लिए इलायची डलती है दूध में। मैंने आज तक चाय में नहीं पी।

सूसन ट्रे उठाती है।

– नहीं-नहीं, यहीं रहने दो। चाय नहीं, मेरी बेटी दूध बनाकर लाएगी। पहले खूब गरम करेगी। फिर औटाकर झाग मारेगी। पीसकर उसमें बादाम डालेगी। इतने कि गिरी की खुशबू ही दब जाय। सूसन, सुन रही हो ! इसके हाथ पर आँखों की निगरानी नहीं।

परिवार लगता है तो हाथ पहचान करता है। आप ही संयम बाँध लेता है।

इसकी तो बस आई चलाई। मर्यादा का रंग तो कुछ और ही होता है। न बहुत बढ़ा-चढ़ा और न बिलकुल सिकुड़ा हुआ। घर-गृहस्थी माप-तौल सिखाती है। मूठ पड़नी है तो मूठ, चुटकी डलनी है तो चुटकी। पर इसका सब काम अंदाज़े के बाहर। झुँझलाई रहती है...जाने क्यों !

दो-चार जन काम करनेवाले हैं, फिर भी यही कि मैं थक गई हूँ। थकी हुई हूँ।

मेरी बीमारी को भी काम बना रखा है। मैंने तो इसे उम्र-भर रात को सोते नहीं देखा। न संग, न साथ। किताबों से निकलता है वक़्त। ऊपर से अदा देखो–अकेले होने का भी अहंकार।

सूसन को मुस्कराते देख–

– तुम क्या सुन रही हो ? किसी की बात नहीं सुनते, मैं अपने से फ़ोन कर रही हूँ।

लड़की दूध लेकर–

– अम्मू, फ़ोन पर बात करेंगी ? क्या नंबर मिला दूँ ?

– भला तुम मेरा नंबर क्यों मिलाओगी ? सात परदों में रखी मेरे दिल की बात पकड़ोगी ! लड़की, तुम मुझ पर पहरेदारी कर रही हो। यह अच्छी बात नहीं।

– अम्मू, ज़रा घूँट भरकर देखिए कैसा बना है। चीनी तो ठीक है न !

– हाँ। तुम चखकर देख चुकी हो। मुनक्के, इलायची, दालचीनी, और गिरियाँ गिनकर पाँच।

– अम्मू, यह कैसे जान लिया ?

– आवाज़ से। तुम तोड़ रही थी न, तो मेरे कान देख रहे थे। वानप्रस्थ उतरा हुआ है। कान देखते हैं और आँखें सुनती हैं। पकी उम्र ख़ाली आहटें ही चुनती रहती है।

– लड़की, एक बात तो बता ! एक सिरा पकड़ती हूँ तो दूसरा कहीं फिसल जाता है। कोई पूछे, कूल्हे की हड्डी टूटने से याददाश्त का भी क्या संबंध !

– अम्मू, ऐसी कोई बात नहीं। आप मुझसे ज़्यादा चौकस और चौकन्नी हैं। डॉक्टर से पूछिएगा–अपने मरीज़ के बारे में क्या कहते हैं।

– डॉक्टरों को तो मैं अच्छी तरह जानती हूँ, कहीं मेरी बात न पूछ लेना फ़ोन पर। पलटकर जवाब देगा कि तुम्हारी माँ के दिमाग़ में ख़लल है। इसके साथ ही एक और दवा शुरू कर देगा।

दोनों हँसती हैं।

– लड़की, मरीज़ हो पुराना तो उसके शरीर पर कोई दोष

लगा दो। असल में तो बड़ी उम्र ही गुनहगारी है। हाँ, अपने डॉक्टर साहिब की किताब में अभी बीमारियाँ ख़त्म नहीं हुईं। परचियों पर परचियाँ। न दम दवा में, न फीसों में। पर नहीं, मेरे डॉक्टरों ने मेहनत कम नहीं की। यह शरीर ही पुगा हुआ है।

आख़िर तो...

– अम्मू, इस बात को कुछ देर भूल जाइए।

– कहती तो ठीक हो, पर बताओ मैं भी क्या करूँ। घिर गई हूँ दुश्मन से। रोग-बीमारी तो वैरी ही हुए न ! हाय-हाय के सिवा अब और है भी क्या। घायल हुआ पड़ा है शरीर। लड़की, अब इस बिछौने के आसपास चूड़ियों की छनकार थोड़े सुनाई देंगी। न ही ताज़ा बच्चे की रुलाई ! जितना ताम-झाम डॉक्टरों ने यहाँ जुटाया है, उतने में तो बच्चा खड़ा हो जाता ! लड़की, बच्चे ख़यालों से नहीं बनते। बनाने में मेहनत लगती है। ख़ून-पसीना एक हो जाता है माँ का।

लंबी चुप्पी।

– बच्चे को जन्म देकर ही इनसान मौत को ललकारता है। अरी, भैंसे की सवारीवाली तुम नष्ट करोगी और हम सूरज के प्रताप से उत्पन्न करेंगे। लड़की, इस ब्रह्मांड का महानायक सूरज है। बाक़ी सब ग्रह उससे छोटे हैं।

– अम्मू, कहते हैं कुंती को सूरज से पुत्र हुआ था।

– नहीं। सूरज ढाँप लेता कुंती को, तो जीव की नस्ल ही ख़त्म हो जाती। असल बात यह है कि सृष्टि का हर नर सूरज से शक्ति खींचता है। उसी की कृपा से अपने तपोबल को जगाता-गरमाता है।

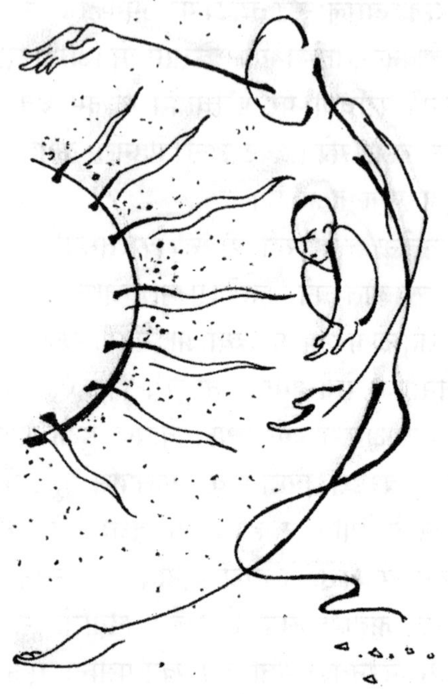

– और नारी...?

– उसकी इष्ट है पृथ्वी। वह पराशक्ति बनी पुरुष के आगे-पीछे व्याप्त हो जाती है। समेट लेती है उसे अपने घेरे में।

– सूसन, क्या कर रही हो ? बत्तियों को न जगा-बुझा। मुझे अँधेरा नहीं भाता। मैं अभी सोने नहीं लगी।

अम्मू आँखें मूँद लेती हैं।

एकाएक आँखें खोल देर तक लड़की की ओर देखती चली जाती हैं।

– क्यों अम्मू ?

— लड़की, मेरे जाने तुम्हें दीमक लग चुकी है। अब तक तो तेरा अंदर-बाहर सब चाट गई होंगी।
यह तो बता, तुम भी यहाँ से क्यों न हिली ! अपनी ही जड़ों को खींचती रही ! तुम्हारी मंशा क्या थी ?
चुप न बनी रहो। कुछ बोलो। मुझे जवाब दो।

— अम्मू !

— यही कहना चाह रही हो न कि तुम्हारे ज़िम्मे मैं ही पड़ी थी ! लड़की, अगर तुम्हें पता ही था तो क्यों न गले से साँप उतार परे फेंक दिया ! तुम्हारे हाथ तो न जकड़े हुए थे किसी ने !
सुन लड़की, इस दुनिया में कोई किसी का इरादा नहीं चुरा सकता। इसका कसूर मेरे सिर कभी न धरना। न आज और न कल।

अम्मू थकन से आँखें मूँद लेती हैं।
सूसन अम्मी को ग्लूकोस देती है। अम्मी चुस्त हो उठती हैं। लड़की को कुरसी पर बैठे देख खुश होती हैं।

— सुन लड़की, छोटी थी न मैं, तो आँगन में बैठी-बैठी पेड़ों को देखा करती। मेरे दादाजी ने मुझे कई बार ध्यान लगाए देखा होगा ! एक दिन पास बिठाकर पूछा—इस तरह टकटकी लगाए क्या देखा करती हो ? यह पेड़ तो फलदार भी नहीं !
दादाजी, मैं तो पेड़ों का छत्तर देखती हूँ। धूप में लहराते पत्ते आधे चाँदी के और आधे हरे-हरे दीखते हैं। हवा में हिलते हैं तो बहुत सुंदर लगते हैं।
लड़की, मेरे दादाजी बड़े खुश हुए। कितनी देर सिर पर प्यार फेरते रहे। फेरते रहे। ऐसे उड़ गया वह समय ज्यों पेड़ पर से पंछी उड़ जाता है।

चलो छोड़ो ! अब इस कथोपकथन में क्या रखा है !

— सूसन, मेरी सिलाईवाली पिटारी में से सुई-तागा निकालकर ले आ...न, उसे रहने दे। मुझे ऊन की लच्छी दे दे। लेटे-लेटे गोला बनाती रहूँगी। अगर कुछ न किया तो मेरी अँगुलियाँ जड़ हो जाएँगी।

लंबी साँस लेकर–

— लड़की, मेरे हाथ सो रहे हैं। अँगुलियाँ नम हो रही हैं।

लड़की पास झुक हाथ छूती है।

— यह क्या अम्मू ? बदन तो तप रहा है !

— दर्द बड़ा सख़्त। लड़की, यह मौत बड़ी कटखनी है। अगला-पिछला सब वसूल लेती है। बीच में कुछ नहीं छोड़ती।

काँटों पर बिछी है मेरी पीठ। घाव बड़े गहरे हैं। अब और जाने क्या उभर आया है !

सूसन, करवट देकर देख तो सही, क्या नया उत्पात उठा है ! सलाख के आसपास पस भर गई होगी।

सूसन और लड़की दोनों झुककर देखती हैं।

— इतना बड़ा उभार ! मवाद से भरा है। डॉक्टर साहिब का देखना ज़रूरी है। अम्मू, पहले क्यों नहीं बताया ?

— चुप रहो, मेरा मुँह न खुलवाओ। यह सब देखने की ड्यूटी सूसन की और तुम्हारी थी।

सूसन बिस्तर बदलती रही है। सच्चा-झूठा चार्ट लिखती रही है। बुख़ार मुझे कल भी था।

— अम्मीजी, ग़लती मेरी है। मुझे माफ़ कर दीजिए।

— मैं कुछ न कहूँगी। डॉक्टर साहिब आप ही तुम्हारा कान खींचेंगे। दूसरों के बस में पड़ा मरीज़ मौत से पहले ही मरा हुआ होता है।

लड़की को फ़ोन उठाते देख–

– छोड़ दे लड़की ! अब डॉक्टरों के पास मेरा कोई इलाज बाक़ी नहीं। दिखाने के चोंचले हैं सिर्फ़...भरम में डालने के लिए !

रुक-रुककर, अपने-आपसे ही–

– एक तो हुई हड्डी को कचोटती सलाख, दूसरी मेरी पीठ ! पुराना ढाँचा है। जाने कहाँ-कहाँ से उधड़ा है। आख़िर पता तो लगे मुझे हुआ क्या-क्या है !

लड़की पास आकर–

– अम्मू, पीठ पर बिस्तर के घाव तंग कर रहे हैं आपको !

– उम्र-भर तो शरीर ने बिस्तर को सहार लिया और अब इसी में पड़े-पड़े बनत बनने लगी ! समय !

लड़की, मेरी बात सुन ! निधि चुक जाए तो शक्ति का भंडार भी शेष। बुढ़ापा इसे ही तो कहते हैं।

– सूसन, बिस्तर बाद में ठीक करना। पहले मेरे हाथ-मुँह पोंछ दो।

सूसन अम्मू के मुख पर तौलिया फिराते हुए–

– अम्मीजी, आपने मुझे माफ़ कर दिया न !

– दीदी को मना लो, नहीं तो तुम्हें भेजकर ही दम लेगी। दिल की बड़ी सख़्त है। मेरी दूसरी बेटियाँ अपने पिता पर गई हैं। न सख़्ती कर सकती हैं, न सह सकती हैं। मेरी इस बेटी पर माता कुल का असर है।

हँसती हैं।

– सूसन, पहले मेरे बाल ठीक करो। कैबिनेट पर से ऐनक दो। तुम्हारी खिसियानी सूरत तो दिखे मुझे ! वैसे सोचें तो जो नया बवंडर उठा है उसमें तुम्हारा क्या कसूर ! तुम्हारी लापरवाही तो इतनी ही कि तुमने देखा नहीं कि तुम्हारे

मरीज़ को हो क्या रहा है !

लड़की डॉक्टर को फ़ोन करने के बाद–

– अम्मू, आपको इतनी तकलीफ़ थी, बताना तो चाहिए था न !

– लड़की, मरीज़ की भी थोड़ी-सी इज़्ज़त तो रहने दो। हाय-हाय करती, तभी तुम्हें पता लगता ?

लो डॉक्टर साहिब आ गए। उन्हीं की घंटी है। हाथ के दबाव से पता लगता है। डॉक्टर हैं न ! घंटी बजती ही चली जाती है।

सुन लड़की, सब गतियाँ यहाँ पहुँचकर रुकती हैं।

और फिर दुबारा चालित हो जाती हैं। प्रकृति सदा-सदा !

– अम्मीजी, क्या ख़बर है ? कैसी हैं आप ?

– बेटे, यह तो कहने से रही कि मैं ठीक नहीं हूँ। एक साथ डॉक्टर और दवा की हेठी हो जाएगी।

डॉक्टर साहिब टैंपरेचर लेते हैं। फिर पीठ का घाव जाँचते हैं।

– यह तो मज़े से फैल रहा है बेटे ! आप तो बीमारी का नया पैंतरा जाँचिए। सलाख ने कुछ नया गुल खिलाया लगता है।

– दर्द कब से है ?

– पहले बरदाश्त था, दो दिन से तेज़ हुआ है। अब कोई चीर-फाड़ तो बाक़ी नहीं कि है कुछ ?

– अम्मीजी, पस का जमाव है। निकाल लेते हैं। आपको आराम मिलेगा !

– बेटा, कुछ राहदारी के लिए भी रहने दो। यह न हो कि अपना चलान कटाने में ही न आए।

– अम्मीजी, हिलें नहीं। हाँ, यह राहदारीवाला क़िस्सा क्या है ?

– शिमला बैरियर पर सब गाड़ियाँ रोक ली जाती हैं। लगता

है मैं वहीं खड़ी हूँ। देखें, चैकिंग के बाद अपनी गाड़ी कब पार होती है। अब तो इतना ही बाक़ी है।

– अम्मीजी, थोड़ी तकलीफ होगी...

– आप करते रहिए, मैं सह लूँगी। मैं बचपन में अपनी हवा से ऊपर उठ जाती थी। वायु बड़ी शक्तिवान है। आँधी बनकर पुराने पेड़ों को उखाड़ती है...कितनी देर और लगेगी डॉक्टर साहिब ?

– ज़्यादा नहीं।

– बेटे, मुझ जैसों को अगर जीती-जागती हालत में चाँद पर भेज दिया जाए और वहीं उनकी खाद बनती रहे तो कैसा ! एक-न-एक दिन तो वहाँ भी इनसान पैदा हो सकता है !

– अम्मीजी, वहाँ ऑक्सीजन की कमी है। दुनिया-भर के मुल्क चाँद की पड़ताल पर लगे हैं। मुमकिन है कोई रास्ता निकल आए।

– डॉक्टर साहिब, दूध में ब्रांडी ले लूँ। दर्द ने बड़ी ताक़त खींच ली है मेरी।

– सूसन, चाकलेट डालकर दूध ले आओ अम्मीजी के लिए।

– डॉक्टर साहिब, मेरा वज़न बरसों पचास पर अटका रहा। बच्चे हुए तो भी एक इंच चरबी नहीं चढ़ने दी। एक ही रफ़्तार। सब नियम से। कभी चिकनी-चुपड़ी खुराक नहीं खाई। हाँ, बच्चे के साथ टॉनिक ज़रूर लिया करती भी। विनकारनिस। आलस कभी नहीं। अब कसर निकल रही है। राशन का कोटा ही पूरा कर रही हूँ।

डॉक्टर साहिब, आप मुझे कब तक खींचते जाएँगे ?

– अम्मीजी, आराम लीजिए। जिस चीज़ पर मन हो, खाइए। चिंता-फ़िकर सब छोड़ दीजिए।

अम्मू हँसकर–

— तो आपने फाटक खोल ही दिया।

गला बड़ा सूखता है, बेटा ! ठंडी चीज़ें तो खा सकती हूँ न ?

— क्यों नहीं ! दूध, दही, आइसक्रीम, जो चाहें। हाँ, आज गरम पर रहें तो अच्छा है।

डॉक्टर नुस्खा सूसन को थमाते हैं—

— रात सोने से पहले, फिर चार-चार घंटे बाद। परेशानी महसूस करें तो मुझे फ़ोन कर लेना। अच्छा अम्मीजी, अब चलें।

— जीते रहो, बेटा ! ख़ूब कमाओ। अपने मरीज़ों को लंबा चलाओ।

— अम्मू, आप डॉक्टर साहिब को भला यह क्या कह रही हैं !

— लड़की, इसका भरम मत करो। डॉक्टर तो मरीज़ के लिए उसका अपना ही होता है। मन में आए तो कह लेना चाहिए। दिल और दर्द दोनों हल्के हो जाते हैं। क्यों डॉक्टर साहिब !

डॉक्टर साहिब हँसते हैं—

— अम्मीजी, कोई परेशानी हो तो मुझे अपने-आप फ़ोन कीजिएगा।

— मेरी डॉक्टर-बहू तो न बुरा मान जाएगी ?

हँसी।

लड़की डॉक्टर को दरवाज़े तक छोड़कर लौटती है।

— अम्मू, मरीज़ों को लंबा चलानेवाली बात पर डॉक्टर साहिब चुपका-सा हो गए थे।

— नहीं, डॉक्टर को मालूम है मैं चुहल कर रही थी।

— अम्मू, अब तो कुछ हल्का लग रहा है न ?

मन में कोई चिंता-पछतावा तो नहीं ?

— न। ज़िंदगी में कुछ नोना-नमकीन और कुछ मिश्री-मीठा।

इतना ही। पछतावा कैसा ! सबकी जन्मपत्री चितकबरी ही हुआ करती है। हर्ष-शोक, लाभ-हानि, ऊँच-नीच--सब बारी-बारी अपनी झलक दिखाते हैं। ऐसा किसी के हाथ में नहीं कि फुलझड़ियाँ ही छूटती रहें। सब गर्म-सर्द समय में घुल-मिल जाते हैं। इसकी नाकाबंदी ऊपरवाले के सिवाय कोई दूसरा नहीं कर सकता।

पर एक बात समझने की है। जो पोत बनाएँगे, वही सागर में उतरेंगे। श्रम करेंगे तो फल पाएँगे। यही उत्स है। जीनेवालों की प्राप्ति।

— सफ़र मेरा कुछ ज़्यादा ही खिंच गया है।

— अम्मू, मन हो तो पाठ रखवा लें।

— सोच तो अच्छा रही हो। वाणी अमृत है। सुनने से मन शांत होता है। पर पाठ-संकीर्तन बाद में ही रखवाना। लंबे-चौड़े झमेलों में न पड़ना। मर्यादा का ही।

रसोई से काहे की सुगंध आ रही है ? हलवे की तैयारी है क्या ? लड़की, खानेवालों में इसकी बड़ी महिमा है। इसके इतने गुण हैं कि गिनाए नहीं जा सकते।

— आप जो संक्रांति पर बनाती हैं उसके तो क्या कहने !

अम्मू अपनी ही रौ में—

— लड़की, इन दिनों मुझ पर तुम्हारे नाना का स्वरूप उतरा पड़ा है। वह जब जाने की तैयारी में थे तो आवाज़ें दे-देकर कहते—अरे, काहे की सुगंध गमक रही है। हल्की आँच पर सूजी भूनी जा रही है न ! तैयार हो तो ले आओ। ले भी आओ। देर न करो ! सुननेवाले मुस्कराते, पर तुम्हारी नानी को हाथ-पाँव पड़ जाते। सुबह के नामवाली तुम्हारी नानी ने बड़ी सेवा की तुम्हारे नाना की।

लड़की, यह भी अवस्था है। आदमी पर सन्नाटा उतरने

लगता है। अंदर झाँको तो गोदाम बन चुका होता है। पुराने माल की ढेरियाँ लगी पड़ी हैं। जिसकी याद आ गई, उसे ही खोजने लगे।

– क्यों उठ रही हो ? थोड़ी देर बैठी रहो।
लड़की, किसी-किसी का दिल मोह-जाल में अटक जाता है। मुझे देखो, तुममें ही लगा पड़ा है।
लेटे-लेटे यही कि बाहर गई है। अंदर आई है। क्या सोच रही है ! क्या कर रही है ! जो वक़्त आएगा, अपनी यंत्रणा अपने साथ लाएगा।
– अम्मू, कोई बात मनपसंद न हो तो उसे दरगुज़र कर दें।
– हाँ, ठीक कह रही हो। हवा को हाथ से टटोलना न सुगम

और न संभव। उम्र की कमाई है ! जितने दिन और मिले, बरकत ही तो।

लड़की, ज़रा ध्यान कर लेना। कहीं एक दीया पड़ा होगा। हाथ के नज़दीक रखना। कहाँ ढूँढ़ती फिरोगी।

— तुम्हारा भाई नहीं दीख रहा। कल से राह देख रही हूँ। बात क्या है ?

— अम्मू, वह तो शहर से बाहर हैं। दौरे पर गए हुए हैं।

— लड़की, इस छल-बल की ज़रूरत क्या आ पड़ी !

सुबह मेरे सिरहाने तले पिपरमेंट और टॉफियाँ पड़ी थीं। वही सोचता है ऐसी बातें। बीमार नहीं थी तब भी मेरे लिए फ्रिज़ में चाकलेट रख जाता था।

उसे दौरे पर भेजने से क्या होगा ! लड़की, तुम्हारा भाई दिल का साफ़-सरल है। जब-तब घेर लिया जाता है। घिर गया होगा।

घरवालियाँ हाथ में छलनी लेकर बैठती हैं।

निकालती रहती हैं कंकर। यह निकाल। वह निकाल। जाने मेरे पीछे से क्या-क्या निकलेगा।

— ममू, छोड़िए।

— चलो, यह भी क्या ज़रूरी है ! पर मुझे बहानों से न बहला। लड़की, वहाँ तो खुली होगी गृहस्थ-पुस्तिका भाग अंतिम।

हँसी।

— छुटपन में तुम्हारा भाई बड़ा गदबदा था। बाल घुँघराले। शरारत से हँसता तो बहुत सुंदर लगता। स्कूल से लौटते ही किताबें खोलकर बैठ जाता। पूछने पर यही कि पाठ पक्का कर रहा हूँ।

बात समझ रही हो न ! सवाल-जवाब पक्के किए जा रहे हैं।

— नहीं अम्मू, ऐसा न सोचिए। भाई आपके लिए चुपचाप बहुत-कुछ करते रहते हैं।

— क्यों न करे ! मेरा बेटा है ! लड़के माँ को प्यार नहीं जता सकते ! अंकुश लगा रहता है। दिखाते यही हैं कि माँ का पुराना प्रकरण कब का भूल चुके हैं। इसी में घरवालियों की खुशी होती है। माँ पिछला अध्याय बनकर रह जाती है।

बार-बार वही पिरोई हुई कड़ी—तुमने यह क्यों न बताया। आख़िर तुम्हें याद क्यों न आया। तुम्हारी माँ ने यह क्यों न कहा। उसने यह क्यों न किया। मुझे वक़्त पर यह क्यों न दिया।

अम्मू हँसती हैं।

— इस खेल में नोक-झोंक, रोष-रंजिश सभी ज़रूरी हैं। सिर्फ़ मुलाहज़े से काम नहीं चलता।

लड़की, पुरानी परिपाटी निभाने को भाई तुम्हारा पहुँच तो जाएगा न !

— जी अम्मी !

— चलन है, पुराने शहतीर हिलते हैं तो ऐसी हवा चल निकलती है। वही कारोबारी सिलसिला और विरोधी मति-मंत्रणा। जिस दिशा में मुख करोगे, वही पगवाटें पैरों तले उभरेंगी।

— लड़की, लगता है मेरे अंदर की नमी सूख चुकी है। मेरी मछली तड़प रही है। चतुर्दिक रेत ही रेत है।

— अम्मू, फल का रस आए कि शीरा ?

अम्मू हँसती हैं।

— अपना वही स्तोत्रगान—हलवा।

— गिरी पीसकर डलेगी न !

— मेरे मुँह से छीन लिया, लड़की। मैं यही कहने जा रही थी। हम दोनों का सुर कहीं-न-कहीं मिला हुआ ज़रूर है।

अम्मू कुछ देर सूसन की ओर देखती रहती हैं। फिर ऊँघने लगती हैं।

आँखें खोलकर आप-ही-आप—

— जल नदियों की ओर
नदिया सागर की ओर
प्राण मुक्ति की ओर !

जाने अभी कितना रास्ता बाक़ी है और कितनी देर है। यह तो पड़ाव ही ठहरा। नींद में जैसे कोई बारिश की आवाज़ सुनता है न, ऐसे ही कोई बीता वक़्त सुन रही हूँ—

पुरानी औरत, तेरे सारे काम पूरे हो चुके हैं। बस, यह चोला छोड़ना बाक़ी है।

लड़की हाथ में तश्तरी लिये कमरे में आती है।

— अम्मू, ज़रा ठंडा होने दें। बहुत गरम है।

— देख लड़की, सामने खिड़की के काँच पर कुछ हिल रहा है।

उड़ती नज़र डालकर—

— अम्मू, वहाँ तो कुछ भी नहीं है।

— तुम न देख सकोगी। मुझे दीख रहा है। खिड़की पर कोई पुराना दिन झिलमिला रहा है।

उस दिन मूसलाधार बरस रहा था। शाम होने में अभी देर थी।

मैं कामकाज निपटा खिड़की में खड़े-खड़े पहाड़ों को निहार रही थी। बादलों की गरज और बिजली। टीन की छत से परनाले बहने लगे।

ऐसे में बरसाती पहने कोई घर की चढ़ाई पर चढ़ता दिखाई दिया।

ध्यान से देखा तो तुम्हारे पिता थे। उन्हीं की बात सोच रही थी मैं खड़ी-खड़ी।
जल्दी से जाकर दरवाज़ा खोला।
बोले–अभी तो दरवाज़ा खटखटाया ही नहीं था, कैसे खोल दिया ?
आपको आते देख लिया था। लगा किसी बच्चे की अँगुली पकड़कर आ रहे हैं आप।
लड़की, तुम्हारे पिता पहले गंभीर हुए, फिर हँस दिए–
दिन में तुम्हें अकेला लगता है क्या ?
अकेला तो नहीं लगता पर जो मन में था सो ही दीखा होगा।
आप कपड़े बदलें, मैं चाय लेकर आती हूँ।

लड़की, तुम क्यों आक्रांत हुई खड़ी हो ? तुमसे कुछ छिपाया तो नहीं। इन भूल-भुलैयों में से निकालकर वही दिन याद आ गया। मन ही तो है।

– लड़की, जल भी सुलगता है। और बर्फ़ भी घुल जाती है। धूप हिरनी नहीं कि कुलाँचे ही भरती फिरे। धूप सूरज के बस में है और धरती भी उसी पर रीझी रहती है। सुन रही हो न ?
बेटी के कान में जब मुरकी डलती है तो बड़ी सुंदर लगती है। बेटे की कमर पर तड़ागी और भी सुंदर ! बच्चे के ओठों पर पहली पवित्र हँसी भी बड़ी मोहक ! नन्हे-नन्हे पैरोंवाला पहला क़दम अपनी आँखों से देखना, जीने का पुरस्कार है, लड़की !
तुम्हारे पिता साक्षात दीख गए हैं मुझे !
गोदी में लिटा बच्चे को कभी शहद चटा रहे हैं। कभी

अंगूर का रस टपका रहे हैं। कभी अनार का एक दाना ओठों पर ऐसे छुआ रहे हैं ज्यों दुनिया में इस लीला के आगे कुछ और हो ही न !

लड़की, यह माया-छलावा नहीं। न-न। जीना और जीवन छलना नहीं। इस दुनिया से चले जाना छलना है। है कोई हाड़-मांस का जीव, जो शेष हो जाने के बाद पेड़ के पके रसीले आम खा सके ? नहीं री !

कोई पंचभूती बच्चा नहीं जो ऐसा कर सके। लड़की, यह दुनिया बड़ी सुहानी है।

लड़की माँ का हाथ छूती है।

— हवाएँ-धूप-छाँह-बारिश-उजाला-अँधेरा-चाँद-सितारे—इस लोक की तो लीला ही अनोखी है। अद्‌भुत !

सुबह उठकर।

— रात चैन से सो गई थी। डॉक्टर साहिब ने बड़ी राहत पहुँचाई है। छोटे-मोटे दर्द को तो मैं सहन कर लेती हूँ। पिछले दो दिनों में इसने मुझे मसलकर रख दिया। बड़ी चिड़चिड़ा गई थी। जाने तुम लोगों से क्या-क्या कहती रही हूँ।

लड़की कप में चाय उँड़ेलते-उँड़ेलते—

— अम्मू, आप तो अपने ऊपर बहुत काबू रखती हैं। मैं तो इतनी तकलीफ सहन नहीं कर सकती।

— लड़की, बच्चा बनाने से ही दर्द का साज-सिंगार पता लगता है।

— अम्मू, भला यह भी क्या चुभोना !

— दर्द भी कई किस्म के। हल्का, तेज़, और तेज़। लड़की, इस लोक का सारा खेल ही इसमें समाया रहता है।

लड़की को मुस्कराते देख—

— यह झंझावात एक बार औरत की देह पर से गुज़र जाता है तो मांस-पेशियाँ, तंतु, सब मज़बूत हो जाते हैं। भला तुममें यह सहन-शक्ति कहाँ से आती !

— मेरी छोड़िए ! आपको जब पहला बच्चा शुरू हुआ तो...

अम्मू उत्साह से—

— मैं चौकस ! कामकाज सब फुरती से करती थी।

लड़की, बच्चा बनाना एक तरह का यज्ञ ही है री ! इन दिनों औरत पूरे ब्रह्मांड से शक्ति के कण खींचकर अपनी ऊर्जा ज्वलित कर लेती है। अपने में कुछ विशिष्ट ही जीती है। अपने अंदर का आकाश निरखती है। जीव उत्पन्न करने में उसकी गूँथ-गूँज कुदरत से मिली रहती है।

— अम्मू, जब बच्चा आने को हुआ तो...

— मैं छोटे-छोटे झबले सिलकर उन पर तनियाँ टाँक रही थी कि अंदर हिल-डुल शुरू हो गई।

तुम्हारे पिताजी सोने की तैयारी में थे। मैंने कहा—आज तो आपकी नींद गई। जैकब को बुलाना होगा, जल्दी ही।

— फिर ?

— फिर क्या ! तैयारी पूरी थी। इधर डॉक्टर पहुँची, उधर मेरी टीका बेटी आन विराजी।

— अम्मू, लड़की को देख मन उदास तो हुआ होगा !

— इतनी चतुर न बन, लड़की ! अपने दिल से पूछ।

कभी तुम बहनों-भाइयों से कोई भेदभाव किया गया ?

— नहीं अम्मू, कभी नहीं। पर सब घरों में लड़कियों के साथ ऐसा नहीं होता। लड़की के पहुँचते ही निराशा छा जाती है।

— लड़की, तुम्हारे माता-पिता ने कभी कोई फर्क नहीं रखा। बात सुन। अपनी समरूपा उत्पन्न करना माँ के लिए बड़ा

महत्त्वकारी है। पुण्य है। बेटी के पैदा होते ही माँ सदाजीवी हो जाती है। वह कभी नहीं मरती। हो उठती है वह निरंतरा। वह आज है, कल भी रहेगी। माँ से बेटी तक। बेटी से उसकी बेटी, उसकी बेटी से भी अगली बेटी। अगली से भी अगली। वही सृष्टि का स्रोत है।

– अम्मू, पिता की प्रशंसा में भी तो कुछ कहिए।

– पिता की प्रशंसा भला क्या कम !

इनसान के बच्चों में दौड़ता है लहू पिताओं का ही। पिता की तो बड़ी स्तुति। देवी तमसा का भगत। परिवार की ज्योति उसी के वरदान से जलती है। कुदरत के नियम देखो। पिता को सत्य सामर्थ दी मनुष्य का अंश प्रदान करने की और काया घड़ने में उसे बाहर रख दिया।

पिता बाहर खड़ा रहता है और माँ अंदर बच्चा जनती है। इसी से माँ जननी कहलाती है। वही अपने तन-मन में बच्चे की काया उगाती है।

लड़की हँसकर–

– अम्मू, आप तो किताबों से बोल रही हैं।

– लड़की, तुम्हारी माँ ने पतंजलि नहीं पढ़ा तो क्या हुआ। विद्या सुनी जाती है, देखी जाती है और जी भी जाती है।

– जी अम्मू !

– हर नर अपने को परम पुरुष समझता है।

जानती हो क्यों ?

इसलिए कि जीवन की कस्तूरी उसी को लगी है। लड़की, जीवन हिरण है हिरण। कस्तूरी-मृग। इस क्षण-भंगुर जगत में अपनी महक फैला यह जा और वह जा।

थोड़े-से पलों के लिए औरत इस भागते मृग को थाम लेती है और आप मृगया बन जाती है। यही सृष्टि का खेल है। यहीं से चल निकली संतति...संतान की अटूट कड़ी।

लड़की, जगत की आत्मा इसी में निवास करती है। शरीर का क्षय होता है, आत्मा का नहीं। पानी सूख जाता है पर रक्त नहीं। बहता रहता है बच्चों के बच्चों में, उनके भी बच्चों में।

– अम्मू, वह नर-मृग...

– नर-मृग में पुत्र की गहरी लालसा ! उसके तन-मन में व्याप्त है। उसकी प्रकृति और प्रवृत्ति दोनों में पैवस्त है। पुत्र-पौत्र-प्रपौत्र पिता बनकर वह आगे से आगे की सोचता है। परिवार को दफ़ती में बाँध लेता है। सुन रही हो न ! किस ध्यान में हो ! परिवार अपने चाहने-करने से नहीं बनता, वह मनुष्य का पूर्वार्जित होता है। उसके पुण्यों का फल। लड़की, पिता जलाशय है। पीढ़ी-दर-पीढ़ी परिवार

सींचता चला जाता है।

पिता पर पुत्र से कहीं ज़्यादा उसके पौत्र का अधिकार बनता है।

भले वह विमुख हो जाए परिवार से, पर अपने कर्त्तव्य से नहीं होता।

अम्मू हँसकर–

– मुक्ति की राह तो मैं देख रही हूँ। लड़की, मेरे कंठ को कुछ चाहिए। ठंडा दो तो नीबू पानी, नहीं तो गरम-गरम चाय !

लड़की चाय की ट्रे मेज़ पर रखती है।

– अच्छा किया। ठंडे पर मन था, पर तलब चाय की थी। लड़की ! अनुभव, पढ़ने और मनन करने से बुद्धि तेज़ ज़रूर होती है। पर जीकर ही उसमें अर्थ उत्पन्न होते हैं। सोच उभरती है दिमाग़ से और दिमाग़ होता है रूह में। आत्मा में।

– और अम्मी, दिल ?

– दिल बड़ा दाँव-पेची है। पाक-साफ़ तो आत्मा ही है। चेतन और चैतन्य। चैतन्य होता है पानी के रंग जैसा। निर्मल। वही इस देह का ईश्वर है।

– ममू !

एकाएक रोष से–

– बहुत हो चुका प्रवचन। अब कुछ देर आराम करने दो !

लड़की उठकर दरवाज़े की ओर बढ़ती है।

अम्मू पुकारकर–

– चली आओ ! बात तो पूरी होने दो मेरी !

लड़की दुबारा कुरसी पर बैठ जाती है।

– जी अम्मू ! कहिए !

— नर जिस जल में स्नान करता है, नारी उसी को धारण कर हरियाती है। वह रात के टुकड़े कर डालता है और यह इसे पिरोकर गले में डाल लेती है। बच्चा बनाया कि गले में मणका डाल लिया। माँ को इसी का वरदान है। उसी के एकांत सरोवर से निथरकर आत्मा देह में प्रवेश करती है तो बच्चा घटित होता है।

— अम्मू, यह बात तो बहुत सुंदर ढंग से कह रही हैं आप !

— लड़की, इस तरह माँ करती है मृत्यु को पराजित ! समझी ! जिसके हाथ में फल का पुण्य नहीं, वही नाशवान है।

लड़की गुमसुम छत की ओर देखती रहती है।

अम्मू खीजकर—

— कहाँ ताक रही हो ? कहीं कुछ नहीं रखा है तो ढूँढ़ोगी कहाँ। जो किताब तुम्हारे हिस्से में आई है, वही पढ़ो और वही लिखो। तुम्हें उम्र-भर यही करना है। तुम इतना ही करोगी।

लंबा मौन।

— लड़की लंबे-चौड़े रेगिस्तान से तो गागर-भर जल अच्छा। खाते में कुछ हो भी तो।

— अम्मू, इस बात को छोड़ दीजिए, पिता पर आइए।

— पिता बनकर मर्द घाटे में रहता है। अकेला पड़ जाता है। बच्चेवाली औरत जब-तब उसके लिए अंगूर का रस नहीं टपकाती। वह तो अपने बच्चे की माँ बन जाती है। तुमने यह वेदत्रयी नहीं पढ़ी, फिर भी इतना तो जानती हो कि आत्मा और देह मिलकर ही दुनिया का सपना बुनते हैं। दोनों में से किसी एक की कोई बिसात नहीं। समझी !

लड़की झुँझलाकर—

— नहीं, मैं कुछ नहीं समझती !

— लड़की, यह ख़ाली ममता-मोह की स्तुति नहीं, कुछ और भी है।

एक बात सच-सच कहना ! क्या किसी ने तुम्हारी इच्छानुसार तुम्हें जाना है ? चाहा है ?

लड़की मौन रहती है।

— लचक न हो, झुकना न आता हो, तो भला आगे बढ़कर कौन राह रोक लेगा ! आज भी वहीं जहाँ कल थी। कल भी वहीं जहाँ आज। कुछ युक्तिसंगत लग रही है मेरी बात कि नहीं ?

— हाँ अम्मू !

— लड़की, किसी का साथ पाकर हस्ती कुछ और सी हो उठती है। अंदर-बाहर सब्जा उगने लगता है।

तुम भी कुछ कहो कि मैं ही सबकुछ कहती रहूँगी ! सीढ़ी पर चढ़ने के लिए पाँव हरकत न करें तो कौन-सा पुण्य अपने आप आन मिलेगा ! एक बार का बिछुड़ा संयोग कई जन्मों पर जा पड़ता है।

लड़की को मुस्कराते देख, सहसा नरम होकर–

— कुछ का कुछ कहती जा रही हूँ। संयोग बलवान हों तो पुण्य अपने आप जुड़ते चले जाते हैं।

लड़की खिलखिलाकर हँसती है।

अम्मू सहमी-सी आवाज़ में–

— मेरी आँखों के आगे एक गौरैया फड़फड़ाई है। पंखे से टकरा जाएगी। नहीं-नहीं, यह चिड़िया नहीं, ख़रगोश है। इसे पकड़कर मुझे दे दो ! नहीं तो दौड़ जाएगा दूर, और दूर !

सूसन पास झुककर–

— अम्मी, ज़रा आपके गीले कपड़े बदल दें।

— याद आ गई तुम्हें ? जब चाहा बिस्तर बदल दिया, दवा पकड़ ली, चार्ट लिख लिया। इतना ही न ! वैसे अपने काम से बेख़बर रहती हो !

— नहीं अम्मीजी !

— सूसन, मटन पक रहा है। आज मेरा मन था इस पर। पीठ में ठंडक महसूस कर रही हूँ। भुनने की अच्छी ख़ुशबू आ रही है। लड़की, अच्छा किया जो यखनी नहीं बनवा दी। नहीं तो लगता मैं आज ही पार हूँ।

— अम्मू, भला बार-बार यह क्या ?

— ठीक कह रही हो। मुझे प्रवासी रोग लग गया है। यही कि जाना है। जाना ही पड़ेगा। जाना ही है। लड़की, जब राहदारी ऊपरवाले की नज़र में आ जाए तो समझो तारीख़ निकली ही निकली।

एक बात तो बताओ ! अगले महीने तक तो शहतूत पक जाएँगे न ! भला कितने दिन बाक़ी हैं नए महीने को !

— सिर्फ़ दस, अम्मू !

अम्मू एकाग्र हो, अँगुलियों पर–

— एक-दो-तीन-चार-पाँच-छः...अभी बहुत देर है, लड़की, अभी तो बहुत दिन बाक़ी हैं !

लड़की माँ का माथा सहलाती है।

अम्मू चौकन्नी होकर–

— आकाश में उड़ते पाखी तो देखे हैं न तुमने !
टहनियों से फूटती हरी-हरी कोंपलें भी देखी होंगी !
बदलती रुत की हवाएँ भी महसूस की होंगी !
ओस-जड़ी घास पर नंगे पाँव तो चली हो न !
सरदियों की गुनगुनी धूप भी सेंकी होगी !
लड़की, दुनिया में क्या-से-क्या नेमतें भरी पड़ी हैं।

बिछौने के सुख से अलग कई और भी सुख हैं दुनिया में। जानती हो न !

– जी अम्मू !

– अपने लिए दुःख नहीं मनाना। निराशा को परे ही रखना। तुम्हारे लिए निश्चिंत हूँ। न तुम सताई जा सकती हो और न किसी को सताती हो। हाँ, सोचकर बताओ कि ज़रूरत पड़ने पर आवाज़ किसे दोगी !

लड़की लंबी चुप्पी के बाद–

– मैं किसी को नहीं पुकारती। जो मुझे आवाज़ देगा, मैं उसे जवाब दूँगी। अम्मू, अब तो तसल्ली है ?

– तुम मेरे मन की संतान हो। जानती हूँ, इस पथरीली कड़ी तह-तले पानी के सोते ज़रूर होंगे।

लड़की तमककर–

– अम्मू, इसका ज़िक्र बिलकुल भी ज़रूरी नहीं। जो हूँ, जैसी हूँ, वैसी रहूँगी।

– चलो, तुम्हारी ही मान लेती हूँ। मेरी बात का ध्यान करना। अब अपने में किसी पराए को उगाने की ज़रूरत नहीं। किसी के धकेलने से कोई धावक नहीं होता। खुद अपनी दौड़ दौड़ने से धावक कहलाता है।

– सबके बस का नहीं !

– तुम-सी निजकारी गूँज के लिए बड़ा आकाश और बड़ी धरती चाहिए। छोटी बातों का ध्यान नहीं करना।
जो दिलों पर अर्गलाएँ चढ़ा लेते हैं, उनका आकाश उन्हीं तक रह जाता है। उनकी दौड़ भी उनके घर तक ही समाप्त। बस उसी के आसपास थई-थई रोटियाँ सेंकते जाओ, मकड़ी का जाल बुनते जाओ। सुन रही हो न, वहाँ भी ज़्यादा कुछ नहीं रखा।

– अम्मू, अब इन बातों को छोड़ दें न !

– चले जाने के बाद तुम्हें कहने नहीं आऊँगी।
तुम किसी के अधीन नहीं। स्वाधीन हो। लड़की, यह ताक़त है। सामर्थ्य। शक्ति। समझ रही हो न ?

– जी।

– उम्र-भर तुम्हारे घरवालों की जी-जी सुनती आई हूँ।
मुलायम बातें। इस असलियत की रग-रग से वाकिफ़ हूँ। अट्ठारह साल की थी जब शादी हुई थी। तुम्हारे पिता बड़े सुंदर, सुडौल। दिल के साफ़। बड़ी अच्छी निभी। ज़रा सोचो, मैं कहाँ से कब चली थी !
एक बात बता, लड़की ! तुम लोग अपने को अनोखा क्यों समझते हो। घरानों की तीसरी पीढ़ी आप ही नीचे सरक जाती है। ख़ानदान की नाक पर गुमान चिपका ही रहे, यह ठीक नहीं।

– अम्मू, सभी परिवारों की अपनी-अपनी यादें होती हैं।

– हाँ ! हर कुल की अपनी वंशावली पर सूर्योदय और सूर्यास्त एक साथ कभी प्रकट नहीं होते। नहीं हो सकते।
देखो, लेटी हुई हूँ न तुम्हारे सामने ! कहीं से ले तो आओ उस ताज़ी लड़की को, जिसने शादी का जोड़ा पहन रखा था। ला सकती हो कहीं से उसे ! नहीं ला सकती न ! नहीं...

कुछ रुककर–

– लड़की, दुल्हन के रूप में तुम्हारी माँ सुंदर थी। देखकर लोग चाव करते थे।
समय कैसे काल बन जाता है ! एक दौर में सीढ़ियाँ चढ़ी जाती हैं। दूसरे में उतरी जाती हैं। ऐसा कोई नहीं जो हमेशा एक-सा दमकता रहे।

– अम्मू, ब्याह के बाद यह नया परिवार आपको कैसा लगा ?

– अपने घरवालों पर इतराओ मत। जब इस घर में पहुँची तो तुम्हारे कुल का बाहु-मंडल ढीला पड़ चुका था। ग़रूर और ऐंठ की कमी नहीं थी, पर नम्रता और हलीमी भी बहुत। ड्योढ़ियोंवाली आन-बान फीकी पड़ चुकी थी, पर अभी मौजूद तो थी ही। कहीं बरसता था और कहीं खुश्क।

– अम्मू, पिताजी की बात करें !

– हाँ ! उतार का सिलसिला घरानों में एक बार शुरू हो जाए तो खोखला करके ही दम लेता है।

तुम्हारे पिता स्वभाव के बड़े शांत। गंभीर। मैं ज़रा कठोर। पर मुझमें सीखने की उमंग थी...सीखा। उनसे बहुत-कुछ सीखा।

अम्मू अचानक भड़ककर–

– मुझसे बातों की जुगाली करवाए चली जा रही हो।

आख़िर क्यों ?

मेरा दिल लगा रही हो कि अपना ?

बुढ़ापा आदमी की सारी शोभा खींच लेता है। उसे अशोभन कर डालता है। यह वह घटाटोप है, जो इनसान को निगल जाता है।

सब पर बोझ बनी पड़ी हूँ। इतनी लंबी आयु की ज़रूरत भला क्या थी !

– मेरा नाती सत्ताईस बरस में उठ गया। ओहो, क्या चढ़त और क्या क़द-बुत ! बड़ा जुल्म हुआ था। पर इसकी कोई कूक-फरियाद नहीं थी। न यहाँ और न ऊपर। वह मौत नहीं थी, क़त्ल था।

लड़की, उसकी फोटो तो दिखा मुझे ! आँखों के आगे खड़ा है। तुम्हारी बड़ी ज़रूरत थी, बेटे ! कैसे छिन गए ! उस दिन सगाई थी न ! मंगेतर सजी-सजाई बैठी रह गई।

अँगूठी न पहुँची उसकी अँगुली तक !

लड़की, यह खेल खिलानेवाला कोई और ही है।

मेरे बड़े नाती की सुनो। पराकाश को छूने के लिए पलटकर वही रास्ता ढूँढ़ा। उसी वाग्दत्ता को लिवा लाया घर की बहू बनाकर !

क्या-क्या जतन न हुए, पर बेटी चित्रा ! तुम्हारे हिस्से में उम्र ही नहीं थी।

साल-भर में खेल ख़त्म हो गया। जिसे जन्म दिया उसे आँख भरकर नहीं देख सकी !

— सूसन, मेरी आँखों में कुछ डाल ! जाने पानी क्यों निकल रहा है ! आँखें बड़ी पुरानी हो चुकी हैं मेरी।

— अम्मीजी, हारलिक्स-चाकलेट कि चाय ?

— जो भी तुम देना चाहो। दीदी उठ गई क्या यहाँ से !

— अम्मीजी, वह ज़रा लेट गई हैं।

— मुझे दुलाई ओढ़ा दो।

— दुलाई ? गरमी तो बहुत तेज़ है, अम्मीजी !

— जो कहती हूँ, वही कर। इस राग के लय-ताल का तुम्हें कुछ नहीं मालूम। तुम अपना टाइमटेबल ही भरती रहो। दवा दी। पट्टी की। सुई लगाई। टैंपरेचर लिया। डॉक्टर को फ़ोन किया। करवट दिलाई।

हँस क्यों रही हो ? तुम्हारा लिखा हुआ रिकार्ड रद्दी में जाएगा। सबका वहीं जाता है।

— अम्मीजी, हारलिक्स लेकर आती हूँ।

— नहीं ! नहीं ! तुम मेरे सिर की खोज-ख़बर लो। साँय-साँय हो रही है। तेल डालो, सूसन !

सूसन बालों में तेल डालती है। अम्मी आँखें मूँद लेती हैं।

नींद के बाद–

– क्या उठी नहीं ! दीदी अभी भी सोई पड़ी है !

– जी !

– मुझे नाखून परेशान कर रहा है। काट दो यह।

– अम्मीजी, कल ही तो काटे थे।

– काटे होंगे, पर मेरी तसल्ली तो करो।

– सूसन, क्या तुम्हारे भाइयों के शादी-ब्याह हो चुके ?

– जी, अम्मीजी, दोनों के।

– माता-पिता को तुम पैसे भेजती हो ?

– जी हाँ !

– अपने लिए कोई लड़का नज़र में है ? ढूँढ़ने का काम तुम्हें खुद ही करना होगा।

– नहीं अम्मीजी, अभी नहीं। मैं नर्सिंग में दाख़िला लूँगी।

– इरादा अच्छा है, सूसन। पकड़े रहना। बीच में न छोड़ना। कोई दोस्त तो बना रखा है एक-आध ?

सूसन मुस्कराती है।

– उस पर ज़्यादा पैसा तो खर्च नहीं करती ?

सूसन हँसकर–

– जी नहीं अम्मीजी !

– मेरी बात सुनो। न पूरा खर्च तुम किया करो और न उसे ही करने दिया करो। आधा-आधा, समझी !
नहीं तो यूँ ही हज़म कर ली जाओगी।
मतलब समझ में आया ?

– जी, अम्मीजी !

– सूसन, शादी के बाद किसी के हाथ का झुनझुना नहीं बनना। अपनी ताक़त बनाने की कोशिश करना।
देखो दरवाज़े की घंटी बज रही है...कौन है ?

– अम्मीजी, कोई नहीं !

— फिर से देखो, शोभाराम के आने का वक़्त है।
— अम्मीजी, वह तो कबसे किचन में हैं।
— पूछो...खीर बनी कि नहीं ! सुबह बात हुई थी न !

— अम्मीजी, प्रणाम !
— जीते रहो !
— खीर तैयार है। चखें तो सही !
— थोड़ी-सी ले आओ ! दो चम्मच !
— लीजिए ! मेवा भूनकर डला है।
— तुम्हें पता है न, मेरे दाँत असली मज़बूत हैं।
— अम्मीजी, शाम को पूए बनें !
— नहीं-नहीं, खीर कम भारी नहीं।

बताऊँगी तुम्हें कभी, किसके साथ क्या मेल मिलाना चाहिए। इसको लेकर तो बड़े-बड़े चालान भुगत चुकी हूँ।

लड़की पास खड़े होकर–

– अम्मू, चालानवाली बात क्या है ? दिलचस्प होगी। बताइए !

– शोभाराम, खीर अच्छी बनी है।

हलवा-पूरी-खीर-पूए-पकौड़े बनाते रहो, खिलाते रहो। हाँ, एक बात याद रहे। तुम्हारे ज़िम्मे अभी एक काम और भी बाक़ी है। बहाना मत बनाना। माँ को वहाँ तक छोड़कर आना।

लड़की हल्केपन से–

– अम्मू, वह चालानवाली बात क्या है ?

– ख़ास नहीं। खाने-पकाने की नोक-झोंक, और क्या ! लंबी बहस चल निकलती तो मेरे पास भी इसका इलाज था। चाय की ट्रे सामने रख देती–लीजिए, चाय आपकी इंतज़ार में है। निपटारा कीजिए। तुम्हारे पिता अच्छी चाय के क़द्रदान थे। इधर-उधर की भूल जाते।

– अम्मू, क्या सचमुच इतनी झड़पें होती थीं ?

– होती रही होंगी। मुझे अब कुछ याद नहीं। भला तुम क्यों मुझे उकसा रही हो ? क्यों ज़रूरी है यह भी जानना ?

– अम्मू, जानने में हर्ज भी क्या है !

– लड़की, सबकी यात्रा इसी तरह घात-प्रतिघात में गुज़रती है। घर का यह खेल बराबरी का नहीं, ऊपर-नीचे का है। घर का स्वामी कमाई से परिवार के लिए सुविधाएँ जुटाता है। साथ ही अपनी ताक़त कमाता-बनाता है। इसी प्रभुताई के आगे गिरवी पड़ी रहती है बच्चों की माँ।

– अम्मू !

– हाँ, शादी के बाद औरत पूरे परिवार के लिए शिकारे की

माँझी बन जाती है। झील में तिरती नाव और शिकारे तो देखे हैं न तुमने ! उन पर सवार परिवार मज़े-मज़े झूमते हैं और चप्पू चलाती है औरत। उम्र-भर चलाती जाती है।

उसका वक़्त तब सुधरेगा जब वह अपनी जीविका आप कमाने लगेगी।

सोचने की बात है—मर्द काम करता है, तो उसे इवज़ में अर्थ-धन प्राप्त होता है।

औरत दिन-रात जो खटती है वह बेगार के खाते में ही न ! भूली रहती है अपने को मोह-ममता में। अनजान। बेध्यान। वह अपनी खोज-खबर न लेगी तो कौन उसे पूछनेवाला है।

— अम्मू, आपको इतनी जागृति !

— चुप्प, लड़की ! मेरे बोलों पर झपट पड़ती हो ! भला क्यों ! तुम्हारी अदाकारी को खूब जानती हूँ। यात्रा मेरी और निचोड़ तुम्हारा !

खिड़की की ओर देखकर—

— यह भारी परदे बदल दो। ताज़ी हवा अंदर आने दो। लड़की, कुछ देर मुझे चुप रहने दो। मेरे अंदर मेरी अपनी गठरी खुल रही है।

अम्मू आँखें मूँद लेती हैं।

देर बाद लड़की को सामने बैठे देख—

— फिर यहीं बैठी हो ! यह तो बताओ, तुम क्या कर रही हो इस दुनिया में ! एक क़तरा ही दिखा दो, जो तुमने इस जन्म में अर्जित किया हो। तुम्हारी अपनी पूँजी क्या है ? ऊपर से मेरा सरमाया जाँच रही हो।

लड़की उठ खड़ी होती है—

— मैं उधर जा रही हूँ।

— नहीं-नहीं, बैठी रहो। मेरे पास बैठी रहो। तुम्हारी रुचि की

बात करूँगी। वक़्त थोड़ा है।

इतना तो बताओ मुझे, तुम खड़ी कहाँ हो ! किस मोड़ पर हो ! पंक्ति में है कोई ! भाई-बहनों के दरवाज़ों के बाहर हो तुम !

– अम्मू, फिर वही...

– लड़की, बीच में न टोको ! बात को साफ़ होने दो।

सुनो, बेटा-बेटियाँ, नाती-नातिन, पुत्र-पौत्र–मेरा सब परिवार सजा हुआ है, फिर भी अकेली हूँ।

और तुम ! तुम उसी प्राचीन गाथा के बाहर हो, जहाँ पति होता है, बच्चे होते हैं, परिवार होता है।

– न भी हो दुनियादारीवाली चौखट, तो भी तुम अपने आप में तो आप हो।

लड़की, अपने आप में आप होना परम है, श्रेष्ठ है !

चलाई होती न परिवार की गाड़ी तुमने भी, तो अब तक समझ गई होती कि गृहस्थी में सारी शोभा नामों की है। यह इसकी पत्नी है, बहू है, माँ है, नानी है, दादी है ! फिर वही खाना, पहनना और गहना ! लड़की, वह नाम की ही महारानी है। सबकुछ पोंछ-पाँछ के उसे बिठा दिया जाता है अपनी जगह पर !

लड़की हँसकर–

– अम्मू, आपका जवाब नहीं !

– समझ से पड़ताल करो तो हर सवाल का जवाब है।

– सूसन, अम्मू को जूस ला दो और मुझे भी।

– समयोचित, लड़की ! सूनेपन पर फलों के रस बहा रही हो !

– सूसन, खूब ठंडा लाना। मेरा हलक सूख रहा है।

— अच्छा था, सूसन ! प्यास शांत हो गई है। तुम भी पियो। लड़की, परिवारवाली औरत को अपने में क्या-क्या हुनर जगाने पड़ते हैं और क्या-क्या अंकुश लगाने होते हैं, यह तुम्हें नहीं मालूम।

तुम तो अपने में आज़ाद हो। तुम पर किसी की रोक-टोक नहीं। जो चाहो, कर लो। एक बात याद रहे कि अपने से भी आज़ादी चाहिए होती है। देती हो कभी अपने को ? तुम्हारी मनमानी की बात नहीं कर रही, कुछ मनचाहा भी कर सकी हो कि नहीं ?

— अम्मू, क्या जवाब दूँ !

कमरे में लंबा मौन।

— इस परिवार को मैंने घड़ी मुताबिक चलाया, पर अपना निज का कोई काम न सँवारा।

लड़की, इस समय इस बात का बड़ा कष्ट है मुझे।

लड़की विस्मय से—

— किस पर मन था अम्मू ? क्या करना चाहती थीं ?

— चाहती थी पहाड़ियों की चोटियों पर चढ़ूँ। शिखरों पर पहुँचूँ। पर यह बात घर की दिनचर्या में कहीं न जुड़ती थी। किसे कहती ? तुम्हारे पिताजी को ?

घर-गृहस्थी के झमेले ही उनके बस के नहीं थे। ऊपर से आदत ऐसी कि न कुछ देर से हो और न जल्दी।

मैं आप ही घड़ी बनी रही।

लड़की खिड़की के पार देखती है।

सूसन कपड़े तिहाने लगती है।

अम्मू झल्लाकर—

— क्यों तिहा रही हो ! धुलाई के ढेर लगा रही हो ! कोई नया बच्चा तो घर में नहीं आन पहुँचा !

बूढ़ी चली जा रही है यहाँ से। उसके पुराने कपड़ों की ढेरियाँ...

लड़की उठकर सितार का रिकार्ड लगाती है।

अम्मू कुछ देर विस्मय से सुनती रहती है, फिर तीखी तमतमाई आवाज़ में–

– बंद कर दो इसे। यह शोर मेरे लिए अच्छा नहीं। बात को समझा करो। मेरे अंदर की नहरें सूख चुकी हैं। यह सुर मेरे बदन को झँझोड़ देते हैं।

मेरी आँखों के सामने काले तागों की लच्छियाँ क्यों खुल रही हैं ! पूछो किसी से !

सूसन के कपड़ा ओढ़ाते अम्मी चौंककर–

– तुम लोग मुझे क्यों तंग कर रहे हो ? खींच दो ! परदे उठा दो ! हवा आने दो ! जल्दी करो ! मेरा दम घुट रहा है ! चुप क्यों हो ? मेरी बात सुनो ध्यान से। मैं तितली नहीं माँग रही, अपना हक़ माँग रही हूँ। मुझे दे दो। ताज़ी हवा में साँस लेने दो।

सूसन परदे खींचती है–

– अम्मीजी, बाहर से चौंध आएगी !

– गुफा है यह, गुफा ! तुमने मुझे बंद क्यों कर रखा है ? खोल दो कपाट ! किसने साँकल चढ़ाई है ! बुलाओ उसे जो मेरे साथ यह खेल खेल रहा है ! मेरी बेटी को आवाज़ दो ! मुझे बालकनी में ले चलो। मैं एक पल इस कमरे में न रहूँगी !

– सूसन, अम्मी को इलैक्ट्रोल दो। मैं बालकनी में जगह बनाती हूँ।

– टालो मत, लड़की ! मुझे कुरसी पर बिठाना होगा। मुझे

लेटना नहीं...मैं लेटूँगी नहीं। बैठूँगी। लड़की, यह फ़ैसला आज मेरे हक़ में करना।

– अम्मू, हिलने से ज़ख्म छिलेंगे।

– इस हमदर्दी की ज़रूरत नहीं—न मुझे और न ज़ख्मों को। मैं जो कहती हूँ, वही करो।

सूसन आरामकुरसी बालकनी में रख उस पर गद्दा और चादर बिछाती है।

कुशन रखकर टेक बनाती है।

दोनों गोद में उठा अम्मी को बाहर ले आती हैं।

कुरसी पर बैठकर अम्मू उत्साह से—

– कौन-सा मौसम है भला यह ! पेड़ थिर खड़े हैं। पत्ता तक नहीं हिल रहा। महीना क्या है ?

लड़की अनसुना कर रेलिंग पर हाथ टिकाए चुप रहती है।

– मैंने कुछ कहा है। जवाब दो ! इतनी अवज्ञा ठीक नहीं !

– अम्मी, मई का तीसरा हफ़्ता है। आँधी आएगी। ऊपर देखो—रंगत मटमैली हुई पड़ी है। आसमान कैसा बेगाना-सा लग रहा है। इसकी ताक़त भी तो इसके सयाने बच्चों ने नहीं खींच ली ! बीता हुआ-सा।

– लड़की, लगता है आकाश भी बूढ़ा हो गया है।

अम्मू सिर उठाकर बिजली के खंबे देखती हैं। फिर नीचे पेड़ों पर नज़र गड़ाकर—

– हाड़-मांस के सुनहरी पौधे से इन नीम के पेड़ों की मियाद कहीं ज़्यादा है।

– अम्मू, नीम के पेड़ तो खूब छितराए हुए हैं। आपके कमरेवाला तो बहुत ऊँचा गया है।

– इन दिनों नीम बहुत महकता है। बौरा पड़ता है तो खूब गँधाता है। लड़की, इसकी महक से धरती की बेटियाँ

पगला उठती हैं।

– फिर, अम्मू ?

– अरी, फिर क्या। जाती हैं उनके पास, जिनसे उन्हें कुछ पाना होता है। यह संकट, समारोह भी तन के साथ लगे ही हुए हैं न !

लड़की, मेरी मछली फिर तड़प उठी है। किनारों की नमी सूख चुकी है। प्यास बड़ी सख़्त। मुझे सोडे में आइसक्रीम डालकर दे दो। हाँ, एक कुरसी और रख जाओ। मेरा बेटा आनेवाला है। दफ़्तर से सीधा यहीं आता है।

लड़की मौन रहती है।

अम्मू अपने आप से–

– वह औरत क्या जो बेटे की माँ को न पछाड़ सके।

– अम्मू, आप भी तो इसी सफ़र में से गुज़री हैं।

– मैंने भी यही किया होगा। सभी करती हैं।

– ज़रूरी होता है क्या ?

– यही समझ लो। घरवाले के तन-मन पर मिलकियत की मोहर लगाती है औरत। उसे लगानी पड़ती है। नहीं तों उसका अपना सुख-चैन भंग।

अम्मू हँसती हैं।

– अपना-अपना मन है। कहीं शक ज़्यादा, कहीं विश्वास ! मर्द सब समझते-बूझते हैं। गृहस्थ का मंत्र तो वही है न– लो और दो। जो देता है, उसे लेना भी पड़ता है।

सूसन, अम्मी को चम्मच से आइसक्रीम खिलाती है।

– जीती रहो। तृप्त हो गई हूँ।

अम्मू वापस कमरे में आकर–

– आइसक्रीम खाकर मुझे पिस्तेवाली कुल्फी याद आ रही है। चाँदपाल घाट पर खाई थी।

– क्या ख़ास बात थी, अम्मू ?

– समय और स्थान। वह जगह तो ऐसी कि किनारे पर खड़ा आदमी अवाक् होकर रह जाए।

जहाज़ लंगर डाले खड़े हैं। भोंपू बज रहे हैं। पानी पर बत्तियाँ झिलमिला रही हैं। लहरें एक-दूजे को पछाड़ रही हैं। नावें तिर रही हैं। किनारे पर मेले लगे हुए हैं। जीनेवालों के ऊपर आकाश का चँदोवा तना है। तारे टिमटिमा रहे हैं। चाँद भी सजा हुआ है। लड़की, इस लोक में पृथ्वी और पानी की वह रौनक़ें अद्‌भुत और अनोखी ! ऐसे में यहाँ से चले जाने का दिल भला किसका करता होगा ! पर पड़ाव आन पहुँचता है अपने वक़्त पर।

जब कलकत्ता गई थी न मैं, बड़ी घूमी-फिरी।

लड़की, एक शाम मेरी बड़ी बेटी मुझे और अपनी नन्हीं पोती को वहाँ ले गई !

तीन शाखाएँ जुड़ गईं। तीन पीढ़ियाँ ही कहो। मैं, मेरी बेटी और मेरे नाती की बेटी।

लड़की, परिवारों के बच्चे बड़े-बूढ़ों को नया करते रहते हैं। ऐसे में बड़ों को अपनी उम्र पहले याद आती है, फिर भूल भी जाती है। मग्न हो जाते हैं। उस शाम तुम्हारी बहन कुछ ऐसा करती रही कि अब वह बड़ी है और मैं उसकी माँ उससे छोटी हूँ।

उधर उसकी नटखट पोती इकावली ऐसे भाव में कि उसके पापा की नानी बूढ़ी भी है और बच्ची भी। बार-बार निहोरा करे—नानीमाँ, एक और आइसक्रीम लीजिए। चलिए, मुझसे बाँट लीजिए। दोनों आधी-आधी...

स्थान और समय जुड़ते हैं तो परिवारों के पराग मिलते हैं।

ठहर लड़की, मन के झरोखे में से कुछ देख रही हूँ...

– क्या है, अम्मू ?

अम्मू पोपले मुँह से हँसती हैं–

– घोड़ा। तेज़-तर्रार। मज़बूत। तुमने सवारी नहीं की न ! न अपना वज़न बनाया और न घोड़ा सधाया।

लड़की, जो समय को पहचानता है, ऋचाएँ भी उसी को चाहती हैं।

जो हाथ अर्जित करता है, वही मनचाहा वितरण भी करता है।

लड़की दीवारों के पार देखती है और आँखें बंद कर लेती है।

– ऊब गई हो तो कुछ देर घूम क्यों नहीं आती !

लड़की उठकर बाहर जाती है और कपड़े बदलकर लौटती है।

– अम्मू, कॉफी पीने जा रही हूँ। कुछ लाना तो नहीं ! पाइनऐप्पल, पेस्ट्री !

– खा लूँगी। आराम से ही लौटना। यहाँ की चिंता न करना। तुम मुझे यहीं पाओगी। अभी हूँ।

हाँ, बाल बनवाने जाओ तो उनसे कहती आना मेरे बाल कटवाने को। बहुत तंग हूँ। भारी हैं। मुझे चैन मिलेगा। अब इन्हें सँभालना मुश्किल है।

– सूसन, तौलिए-शैम्पू-तेल सब सामान तैयार रखना। उनके पास वक़्त कम होता है। मेरे लौटने से पहले पहुँच जाए तो ममू के बाल कटवा देना।

अम्मू, ठीक है न !

– हाँ !

– देखा सूसन ! यह है मेरी लड़की !

इसके जाते ही कमरा बेरौनक़ हो गया है।

– अम्मीजी, दीदी आपको बहुत मानती हैं।

— सिर्फ़ मानती ही नहीं, माँ को जानती है। दोनों में फ़र्क है। मानना एक बात और जानना कुछ दूसरी। दूसरों के लिए अपने को सजग रखती है।

— सूसन, दीदी तुम्हारी अनमनी-सी हुई रहती हैं। जाने क्या बात है !
— कुछ बात नहीं, अम्मीजी ! दीदी थक जाती हैं।
— पीछे से क्या तुम देख लोगी ? इसे आराम बहुत चाहिए। कभी काम पर लग जाए तो फिर सब भूल-भालकर काम ही काम। मेहनत से नहीं डरती। यहाँ रहती जाओगी तो अच्छा ही है। सूसन, ऊपर से खुश्क लगती है, पर किसी का हक नहीं रखती।

सूसन, मेरा एक काम कर। बाहर जाकर आसमान की रंगत तो देख। पानी बरसने के कोई आसार हैं कि नहीं। एक बार बारिश हो जाए तो मैं खुले में नहाकर साफ़-सुथरी हो जाऊँ। पीठ की हालत तो बुरी है न ! दवा-पट्टी...और न जाने क्या-क्या !
— ऊपर से तो घाव ठीक हो रहे हैं, अम्मीजी !
— मुझे बहला मत। तुम सफाई करते देखती हो और मैं देख नहीं सकती। फिर भी तुमसे ज़्यादा जानती हूँ क्योंकि दर्द को सहती हूँ।

हँसकर—

— सूसन, अपनी पीठ अपनी आँखों से कोई नहीं देख सकता। मुझे इसका हाल पता है, क्योंकि मुझे सहना पड़ता है।

इस बात को छोड़ो। यह बताओ, तुमने कभी नदी-किनारे स्नान किया है ! उसके तुल ठंड-गरम शावर कुछ नहीं। मैं नहाई हूँ बाउली में, नदी-सरोवर और समुद्र में। गहरा सुख, आनंद। पुरी में जी भर-भरकर नहाई। मेरी बड़ी बेटी ही ले

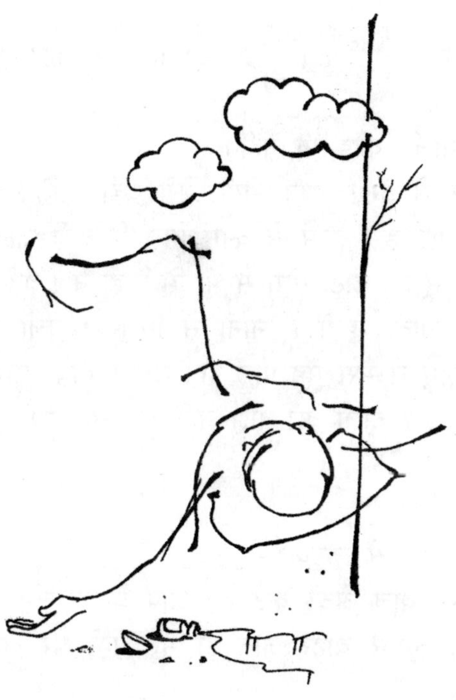

गई थी मुझे वहाँ।

– अम्मीजी, आपको बड़ी दीदी बहुत याद आ रही हैं !

– आएगी क्यों नहीं ! वह मेरी टीका बेटी है !

मेरे ससुराल-घर में लड़के ज़्यादा थे। यह पहुँची तो ख़ूब खुशियाँ मनाई गईं।

– और अम्मीजी, सबसे छोटी दीदी ?

– समझदार बहुत है, पर एक बार मन मार लेती है तो फिर पसीजती नहीं।

अपनी ख़ूबियाँ-ख़ामियाँ माता-पिता ही बच्चों को देते हैं। जिस मिट्टी-गारे से घड़ते हैं, वही संस्कार उन पर पड़ते हैं।

अम्मू कान लगाकर–

– आवाज़ आई है। देखो, दरवाज़े पर कोई है। मेरा बेटा होगा।
– अम्मीजी, कोई भी नहीं।
– फिर से देखो...प्रभा होगी...मेरी बड़ी नातिन ! अपने पापा पर गई है ! काम से काम मिलाती चली जाती है।

सुन सूसन, छोटी मीरा से भी मिली हो न ! बड़ी सुघड़-सलोनी है। आती रहती हैं नानी से मिलने ! चलो अब तुम ठंडे तौलिए से मेरा मुँह पोंछ दो। गरदन भी। सूसन, यह गरदन अब इन बालों का बोझ नहीं सह सकती।

लड़की बाहर से लौटकर–

– अम्मू, बाल अच्छे कटे हैं। आप बेहतर लग रही हैं।
– क्या तुम्हारे बाहर जाते ही मेरे चेहरे पर लाली फिर गई है !
– जी नहीं। छोटे बाल आप पर अच्छे लग रहे हैं।
– जाने इसका ख़याल पहले क्यों न आया। कटवा देती तो आराम ही मिलता। अब हल्का महसूस कर रही हूँ।

पहले शादी में लड़की का सिर ऐसे गूँथा जाता था ज्यों दुनिया-भर की पाबंदियाँ दुल्हन के बालों पर ही लगा देनी हों।

मैं ससुराल पहुँची तो मौका लगते ही तुम्हारे पिताजी बोले– इस तरह के बाल गूँथने से तुम्हें परेशानी नहीं होती ? सिर तो बुरी तरह जकड़ गया होगा !

मैंने कहा–मुझे तो चुटले की एक ही गूँथ भाती है। पर यह तो रीति-रस्म के ही कारण है।

तुम्हारे पिता समझाकर बोले–देखो, इस घर में ऐसा कुछ नहीं, जो बदला न जा सके। जिसे करने में आराम मिले,

सहूलियत हो और जो मन को अच्छा लगे, वह निश्चिंत हो कर सकती हो !

– अम्मू, सुनकर कैसा लगा आपको !

– अच्छा। जी में खुश हुई कि ढंग से निभ जाएगी। तुम्हारे पिता स्वभाव के नर्म और संयमवाले थे। मुझ पर बेकार की रोक-टोक नहीं थी। हाँ, परिवार की जो अपनी मान-मर्यादा थी, उसे काटने-छाँटने की कोई छूट नहीं थी। इस मामले को लेकर बड़ी सख़्ती थी।

– अम्मू, यह तो हठधर्मी हुई न !

– नहीं, अनुशासन ! तुम्हारे दादा साहिब का ठहराव और अनुशासन दोनों अद्‌भुत थे। पिता-पुत्र का पलड़ा लगभग एक-सा था। न भारी और न हल्का। बराबरी की बात मैंने इनके घर में आकर सीखी, समझी। इनके घर में लड़की-लड़के में कोई भेदभाव नहीं था।

मेरी बात ध्यान से सुन, लड़की ! तुम फ़र्क करनेवाले घर की बेटी नहीं हो।

– और अम्मू, आपके अपने पीहर में–हमारे नाना के घर में ?

– इस क़िस्से को रहने दो। तुलना ठीक नहीं !

– बता दीजिए !

– लड़की, तुम्हारे नाना के यहाँ लाड़-प्यार-चाव की कमी नहीं थी। खाने-पीने, खेलने-पहनने को बहुत कुछ, पर कहीं एक गहरी लकीर खिंची पड़ी थी लड़के और लड़की में।

तुम्हारे नाना की आख़िरी बीमारी में हम सभी बहनें बारी-बारी उनके पास पहुँचती रहीं, पर वह जब आवाज़ दें तो बेटे को ही। मैं बड़ी उचाट हुई। दिल में वितृष्णा-सी हो गई कि ऐसा भी क्या पुत्र-मोह ! लड़की, ऐसे समय में कुछ अता-पता नहीं रहता। सबकुछ बुढ़ा जाता है।

— क्या कह रही थी भला मैं ? याद तो आए।

हाँ, हमारे भाई को भेजा गया कॉलेज और हम बहनों की पढ़ाई पंडित, ग्रंथी और मौलवी के पास।

ज़रा सोचो, मैं अपने भाई की तरह पढ़ती तो क्या बनती ! क्या होती मैं और क्या होते मेरे बच्चे ! सच तो यह है कि लड़कियों को तैयार ही जानमारी के लिए किया जाता है— भाई पढ़ रहा है, जाओ दूध दे आओ। भाई सो रहा है, जाओ कंबल ओढ़ा दो। जल्दी से भाई को थाली परस दो। उसे भूख लगी है। भाई खा चुका है। लो, अब तुम भी खा लो।

अम्मू कुछ देर ख़ामोश हो जाती हैं।

सूसन पास झुककर—

— क्या बात है अम्मीजी !

अम्मू सहमी-सी आवाज़ में—

— मेरी आँखों में जलन हो रही है। धुआँ उठ रहा है। भला, क्या हो रहा है !

लड़की तेज़ी से रसोईघर की ओर जाती है, लौट आती है।

— आँखों पर तो जैसे कोई कुहासे का लेप कर रहा है। कुछ ठीक से दीख नहीं रहा।

— अम्मू, इससे आराम मिलेगा।

— क्या रख रही हो मेरी आँखों पर !

— ममू, मलाई के फाहे हैं !

— इधर आओ मेरे पास !

जैसी मेरी आँखों को पहुँचा रही हो, ऐसी ठंडक तुम्हें कभी मिली ? माँ से सच-सच कहना।

— नहीं, अम्मू !

देर तक कमरे में मौन लटका रहता है।

अम्मू एकाएक अपने से बेख़बर होकर—

— जाने पूर्णमासी कब है ! नया चाँद कब निकला था, बताओ तो सही ! मैं तुमसे पूछ रही हूँ !

लड़की रुखाई से—

— मुझे तिथियों का कुछ पता नहीं।

— तभी यह गठरी अपने कंधों पर उठा रखी है तुमने ! फेंक दो इसे। फेंक दो। परे फेंक दो। लड़की, समय को खाक न बना। सँभल जा। पानी ढलान पर है।

लड़की कमरे से बाहर चली जाती है।

सूसन अम्मी को गुलोकोस देती है।

अम्मी आप-ही-आप—

— यह लड़की मेरे अंदर आई तो जाने क्यों मैं दिल-मन से अकेली हो गई थी। सिर पर एकांत ही छा गया। दिल में यही उठे कि पगडंडियों पर अकेली घूमती रहूँ। लगे चीड़ का ऊँचा पेड़ ही मेरे अंदर उग आया है। वही उगा। एक पेड़ ही। हवा में झूल रहा है। बस, झूल ही रहा है। इसके आगे कुछ नहीं। इस लड़की को सर्द न समझना, इसके पानी में अंगारे हैं। अपने को काबू किए रहती है, जाने कैसे !

— सूसन, घंटी बजी है। कोई आया है। बीबा-बौबा होंगे। मेरे पोता-पोती।

— अम्मीजी, वे लोग तो अपने ननिहाल गए हैं।

— हाँ, अपनी नानी का दिल लगाने ही तो !

इस दुनिया से जानेवाली हूँ—सोचकर मेरी समधिन उदास हो रही होगी। उसी को पुचकारने गए होंगे। सूसन, मिली हो न मेरे पोते से ! हूबहू अपने दादा साहिब पर है। वैसे ही

बैठना-उठना, वैसे ही हाथ की हरकत, खाने के मामले में भी...

अम्मी सो जाती हैं।

आँखें खोलते ही अम्मी कमरे की पहचान करती हों जैसे।

लड़की को पलँग के पास खड़ी देखकर तीखी आवाज़ में–

– कौन हो री तुम भला ! तनी हुई आती हो और दनदनाती हुई निकल जाती हो ! देखी हुई है यह सूरत। अपने पिता की झलक उठा ली ? लड़की, उनमें अहंकार ज़रा न था और तुमने अहं की पोटली दिमाग़ में डाली हुई है। इसीलिए तो किसी से कुछ बाँटा नहीं।

लड़की दबे पाँव कमरे से बाहर चली जाती है।

– सूसन, देखना ज़रा, आलमारी पर एक गुल्लक पड़ी है। मेरी नातिन की है। इधर-उधर मत कर देना।

खूँटी पर सीलम की लच्छी डाल रखी है मैंने। पोती के लिए गुड़िया बना रही हूँ। बाल लगाऊँगी और चुटला पहनाऊँगी। गुंजल मत डाल देना।

खिड़की के पट क्यों बज रहे हैं ! रह-रह किसका आँचल लहरा रहा है ! अरे, यह तो मेरी ओढ़नी है। पकड़ लो कसकर, नहीं तो आँधी में उड़ जाएगी।

सूसन दीदी को बुला लाती है।

दोनों अम्मू पर झुककर–

– सो गई हैं। गहरी नींद में हैं।

– सूसन, तनिक आराम कर लो। मैं यहीं बैठी हूँ।

अम्मू जागकर, धारदार आवाज़ में–

— सूसन, कहाँ हो ! मेरा बिस्तर बदलो ! गीला हुआ पड़ा है !

सूसन अम्मी को साफ़ कर बिस्तर बदलती है।

लंबी गहरी नींद के बाद अम्मू हड़बड़ाकर उठती हैं।

— सुन रही हो न गाड़ी की आवाज़। स्टेशन दूर है, पर इंजन की आवाज़ धड़धड़ाती हुई यहाँ तक पहुँच जाती है। धँस जाती है मेरे अंदर।

लड़की अपने बालों को सहलाती है।

— जब तुम्हारे पिताजी चला-चली की तैयारी में थे तो सुबह चार बजे वाली गाड़ी की आवाज़ पर चौंककर उठ बैठते। मैं चुपचाप देखती रहती। उनसे पूछा कभी कुछ नहीं ! क्या पूछती !

एक रात ऐसी ही थर्राती आवाज़ पर उठ बैठे और सिरहाने पर कोहनी टेक मेरी ओर झुके—

सुन रही हो न ! यह आवाज़ मुझे बहुत उदास कर जाती है।

मैं चुप ! क्या कहती !

यात्रा पूरी होने पर आती है तो जाने क्या-क्या दिल को खटखटाता है।

बीते सुखों के समूह पिछली दिशा की ओर और जीवात्मा विराट की ओर। वापिस।

लड़की ओढ़न ठीक करने के बहाने माँ की कलाई छूती है। अम्मू नरमाई से—

— अभी यह प्राचीना ठीक चल रही है। जाकर आराम करो।

लड़की संकोच से उबरने के लिए—

— अम्मू, मैं तो अपने लिए कॉफी बनाकर ला रही हूँ। क्या आपके लिए भी ?

— न ! कुछ खिलाना ही चाहती हो तो कोई ताज़ा फल दो।

— आम कि आलूबुखारा।

— आम ही। यथा नाम तथा गुण।

लड़की तुम्हारी बड़ी बहन फल अच्छा काटती है। आम की फाँकें करती है दो। काँटे से गोदकर उस पर मलाई डालती है। आँख और मन दोनों स्वाद में रस-बस जाते हैं।

— उन्हें भी तो आप ही ने सिखाया होगा !

— नहीं, यह नज़ाकतें इसी घर की हैं। हमारे यहाँ की नहीं।

लड़की हँसकर–

— अम्मी, हमारे और तुम्हारे घर का ज़िक्र एकाएक कैसे होने लगा !

— क्यों, इसमें हैरानी की क्या बात है ! औरत जब नए घर में जड़ें जमाती है तो अपने मायके को दिल के पिछवाड़े डाल देती है।

अपनी माँ को ही देख लो। ज़िंदगी गुज़र जाने के बाद आज उन्हें याद कर रही हूँ।

— अम्मू, अब तो मुठभेड़ का कोई अंदेशा नहीं, पर मुकाबले की बात कैसे उठी मन में !

— भोली बातें। सोचने-कहने का मौक़ा ही कहाँ था !

अब लेटे-लेटे दोनों अलग-अलग रंग दीख रहे हैं।

— अम्मू, किस ओर का पलड़ा भारी है !

— शेखी मत बघार, लड़की ! मेरे पीहर की खूबियाँ भी कम नहीं थीं।

— उसी शाख से निकली हुई हैं आप भी ! घर-भर को काबू किए रहीं !

— नहीं री ! तुम्हारा ख़ानदान किसी को गरदानता नहीं। सबकी खूबियाँ निगल जाता है यह परिवार।

— यह न कहें ! आपकी आवाज़ से परिवार चलता रहा है।

— जो भी है तुम्हारे घराने में, रस-बेरस आर-पार फैला है। जाने

कहाँ देखते हैं और क्या सोचते हैं। अपने से ही उलझे हुए रहते हैं।

— अम्मू, क्या हम सभी आपको ऐसे ही लगते हैं !

— तो और कैसे, जैसे हो वैसे ही तो लगोगे। हमेशा से ऐसे ही थे। लड़की, मेरा मायका भी कुछ कम न था। पर उन्होंने तुम्हारी तरह अपने को सिर पर नहीं उठा रखा था। तुम्हारे यहाँ तो हर किसी को शिलालेख लगा हुआ है।

— अम्मू, ऐसी बातें क्यों कर रही हैं !

— कर लेने दो मुझे। यह हिसाब-किताब बताने दुबारा थोड़े ही आऊँगी।

गृहस्थ में पाँव रखकर स्त्री का जो मंथन-मर्दन होता है, वह भूचाल के झटकों से कम नहीं होता। औरत सहन कर लेती है, क्योंकि उसे सहन करना पड़ता है।

— अम्मू, अगर आपको दुबारा इसी परिवार में आना हो तो कैसा लगेगा !

अम्मू पहले गुस्से में लड़की को घूरती हैं, फिर हँसने लगती हैं—

— अरी, इस कुल की बुढ़िया...किसी ने दुनिया में भेजने से पहले मुझसे पूछ ही लिया तो मैं लौटकर यहीं आऊँगी। इस घर में तुम्हारे पूर्वजों की संचित समिधा है। मेरा अपना बनाया हुआ परिवार यहाँ सुरक्षित है तो भला मैं क्यों किसी दूसरे घर का दरवाज़ा ढूँढ़ने लगी !

लड़की भरसक अपने को सँभाल माँ का माथा चूमती है।

— बरसों—सालों-साल इस दुनिया में रही हूँ पर इन दिनों बार-बार यही मन में कि इतना जीना था तो कुछ ढंग का काम ही किया होता। इतनी बड़ी दुनिया है, उसे ही देख डालती। पर गृहस्थी के ताने-बाने में ही उम्र गुज़र गई।

— अम्मू, आपने बहुत-कुछ किया है। सारे परिवार को बनाया।

— मुझे बढ़ा-चढ़ाकर मत बता, लड़की ! मैं तुम सबकी माँ

ज़रूर हूँ, पर अलग हूँ। मैं मैं हूँ। मैं तुम नहीं और तुम मैं नहीं।

– मेरी बात तो सुनें...

अम्मू भड़ककर–

– इस लिहाज़दारी से मेरा अब कुछ बननेवाला नहीं। सुन लड़की, संतान माँ के हिस्से का सारा वक़्त गटक जाती है।

– अम्मू, किसी से तो कुछ सुख-संतोष पाया होगा !

– मैं उसकी बात नहीं कर रही। माँ पैदा करती है।
पाल-पोसकर बड़ा करती है। फिर उसी की कुर्बानी !
माँ को टुकड़ों में बाँटकर परिवार उसे यहाँ-वहाँ फैला देता है। कारण तो यही न, समूची रहकर कहीं उठ खड़ी न हो ! माँ को प्योसर गाय या धाय बनाकर रखे रहते हैं। खटती रहे। सुख देती रहे। उसका काम इतना ही है। वह अपने तईं कुछ भी समझती रहे, पर बच्चों के लिए मात्र घर की व्यवस्था करनेवाली।

सूसन माँ के सिरहानेवाली हल्की बत्ती जलाती है और अम्मू आँखें मूँद लेती हैं।

आधी रात अम्मी जगकर–

– सूसन, बताओ तो सही, घड़ी में क्या बजा है !
रात हो रही है कि दिन निकलनेवाला है !

– रात के दो बजे हैं, अम्मीजी !

– यह रात मुझे सरकती मालूम नहीं देती।
हाँ, मेरे गले का कुछ करो। जाने क्या हो गया है ! काम-धंधा कोई है नहीं। बस पड़े-पड़े बातों में पिछले बरसों को फलाँगती जाती हूँ, जैसे कोई गाड़ी भागी जा रही हो।

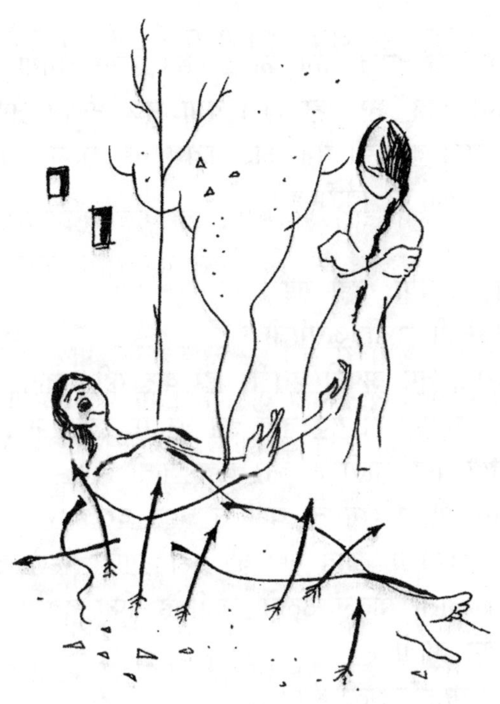

सूसन अम्मी को पानी पिलाती है।

– कहीं मिश्री रखी होगी !

– लाई अम्मीजी !

– काया की जड़त-घड़त सौ साल के लिए बनी हुई है। ठीक ही चल रही थी मैं। हड्डी न टूटती तो मैं चंगी-भली थी।

– यह क्या अम्मीजी, आपने फिर ड्रेसिंग खोल दी ?

– हाँ खोली है। जो बँधी थी वही तो खोली है।

सूसन अम्मी को करवट दे घाव पोंछती है और दुबारा पट्टी करने लगती है।

– सूसन, मेरी बात सुनो ! अब इसे खुला छोड़ दो !

— अम्मीजी, छिल जाने का डर है। रिसने लगेगा।

— क्या बातें कर रही हो ! क्या मुझे मालूम नहीं कि मुझे कितना दर्द है। मैंने कोई कवच नहीं पहन रखा। मैं तीरों की सेज पर बिछी हूँ।

— सूसन, क्या गाड़ी गई ?

— कौन-सी गाड़ी अम्मीजी ?

— सूसन, तुम अपनी ड्यूटी नहीं कर रही। लापरवाह हो गई हो। महीनों हो गए तुम्हें इस घर में, इतना नहीं मालूम कि गाड़ी कब आती है और कब जाती है !

— अम्मीजी, स्टेशन तो यहाँ से बहुत दूर है।

— मैं स्टेशन की बात नहीं कर रही। गाड़ी पहले डिपो से दूध की ख़ाली बोतलें उठाने आती है, फिर दुबारा भरी बोतलें रखने आती है।

सूसन थरमस उठाती है।

— अम्मीजी, दूध कि काम्प्लैन !

— कुछ नहीं, मुझे कुछ नहीं चाहिए। मुझे तो तुम दीदी के कमरे में ले चलो।

— मैं दीदी से पूछकर आती हूँ।

— पूछकर ? वह कमरा भी मेरा ही घर है। मुझे अपाहिज महसूस न करवा। पहले मुझे छोटे कमरे में माथा टेकने ले चल। फिर दीदी के पास।

सूसन अम्मी को गोद में उठा लेती है।

लड़की आहट पा आँख उठाती है—

— सूसन, यह क्या !

अम्मू, आप इस वक़्त यहाँ !

— हाँ, तुम अभी सोई नहीं !

लड़की, तुम्हारे कमरे में लेटकर बात करूँ तो कुछ हर्ज है क्या !

– नहीं, अम्मू !

लड़की दीवान पर कुशन रखती है।

– सूसन, आराम से, इधर...ठीक है अम्मू !

– हाँ !

कुछ नया शुरू किया तुमने ?

– नहीं अम्मू, पुराना टुकड़ा अधूरा पड़ा था। सोचा, देख डालूँ।

– अब ज़्यादा सोच-विचार छोड़ दो। जो भी है, निपटाने की करो लड़की, वक़्त भागा जा रहा है। हाँ, इस काम को कम नहीं समझना।

लड़की, यह भी उत्पत्ति है। दूसरी से छोटी नहीं।

प्राण की सहस्र धाराएँ हैं। जहाँ से जिधर बह निकलें !

अम्मी क्षण-भर बाद–

– ज्यों दिन-रात बँट जाते हैं न, मुझे लेटे-लेटे वैसे ही भासा कि हम माँ-बेटी भी अब अलग-अलग हो गए हैं। पहचान करती रही कि कमरा तो वही है। अभी अपने ही कमरे में हूँ। इसी लोक में। सोचा, क्यों न मिल आऊँ अपनी बेटी को ! चली आई। सूसन मानती नहीं थी...

अम्मू मुस्कराती हैं–

– जो मन में सोचें और कर पाएँ, वही सर्वोत्तम प्रसाद है। हाँ, माँ की ज़्यादा याद नहीं करना। उतनी ही जितनी ज़रूरी है। कुछ दिन बाहर लगा आना। थकी हुई हो।

लंबी चुप्पी।

– क्या सूसन को रखे रहोगी ?

– नहीं अम्मू !

— और रसोइया ?

— वह भी जाएगा ही।

— दोनों में किसी एक को रख सकती हो !

— मुश्किल ही होगा।

— फ्रिज़ में सब्जी-दूध-दही-पनीर पड़ी हो तो ज़्यादा दिक़्क़त नहीं। पकाने-परोसने से वक़्त ताज़ा होता रहता है।

— जी !

— तुम भी तो कुछ सोच रही होगी आगे का !

सभी कामों के लिए देर हो चुकी है, लड़की ! अकेले कैसे करोगी !

— जैसे भी चल निकले, अम्मू !

अम्मू असमंजस में—

— वैसे चाहो तो तुम क्या नहीं कर सकती ! इतना लघुत्तम-महत्तम नहीं कि समेट न सको !

लड़की माँ की ओर देखती रहती है।

— अपने बहाव के विरुद्ध मत चलना।

— अम्मू, कोई ज़रूरी बात ध्यान में आती हो तो कहिए !

— मुझसे किसी को ज़रूरी रत्न-स्वर्ण-गाय-घोड़े और खेत नहीं मिलने। कोरी मंत्रणा ही समझो।

लड़की, कुल की सरदारी बेटियों को नहीं जाती।

सगुण शास्त्र से तुम्हारा भाई ही पगड़ी बाँधेगा। बाक़ी परिवार की पताका बहूजी के हाथ में।

— लॉकर की चाबी मेरी आलमारी में है। ऊपर के ख़ाने में गोल डिब्बा पड़ा है, उसी में मिलेगी।

लड़की, सोना सेरों में था, अब तोलों में पाओगी। जब ज़रूरत पड़ी, इस्तेमाल हुआ। तुम जानती ही हो...

मेरे हाथ का पूरा काग़ज़ बना हुआ है। भाई-बहनों को

दिखा देना।

बहू का अपना लॉकर है। उसकी अमानत उसके अपने पास। विदाई पर उसे सास की भेंट न पहुँच सकी तो भवानी से क्षमा माँग लूँगी।

परिवारों में इतना कुछ होता नहीं, जितना दूर से नज़र आता है। किसका क्या, किसको क्यों और किसको कितना—टीप तो एक ही। नाते-रिश्तों में यही बातें।

किसी के साथ कोई बहस न करना। दूसरे सब परस्पर पूरक हैं और तुम हर घेरे से बाहर हो। लड़की, अपने को पाओगी तो अकेला ही।

लड़की सिगरेट जला लेती है।

लड़की हँसकर—

-- अम्मू, दिल हो तो एक हो जाए !

— सिरहाना लगाकर सिर ऊँचा करना पड़ेगा तुम्हें !

— यह भला क्या मुश्किल !

अम्मू मज़ा लेकर—

— लड़की, अन्तर से आवाज़ आ ही जाए तो वैसा कर लेना चाहिए। अच्छा हुआ न जो इधर चली आई। आने का न सोचती, तो वहीं अँधेरों में भटकती रहती।

लड़की हल्केपन से—

— अम्मू, वैसे आपको बिस्तर से उठाना मुश्किल था। सूसन ग़लत नहीं थी।

— एक कमरे से दूसरे कमरे तक ही तो आना था। चाहूँ भी तो क्या ऊपर से लौटकर आ सकती हूँ तुम्हें मिलने ! नहीं न !

— जी अम्मू !

— धुएँ में कई क्षण अटके रहते हैं। लड़की, तुमसे एक बात

पूछ लूँ !

– हाँ, अम्मी !

– भला यह फ़्लैट किसके नाम है !

– मेरे ग़ैरहाजिर होने पर आपके नाम है अम्मू !

– तो, लड़की, यह मैंने तुम्हें दिया।

दोनों एक साथ हँसती हैं।

अम्मू बदली हुई-सी अजीब आवाज़ में–

– सच पूछो तो हँसने की नहीं, रोने की बात है।

– अम्मू, यह इतनी बड़ी बात नहीं कि हँसने को रोने में बदल लिया जाए।

– इतनी छोटी भी नहीं कि इस पर सोचा ही न जाए। अपने को देखती हूँ तुममें। न्यूनाधिक झलक वही है, पर स्वभाव तुम्हारे पिता के घर का।

– अम्मू, यह गुण है कि दोष !

– लड़की, न सिर्फ़ गुण और न सिर्फ़ दोष।

– आपने शक-शुबहवाली मोहर लगा दी। अम्मू, यह तो कुछ भी प्रमाणित नहीं करती।

– लड़की, तुम अपनी इकहरी यात्रा में क्या प्रमाणित करोगी ? संग-संग जीने में कुछ रह जाता है, कुछ बह जाता है। अकेले में न कुछ रहता है और न बहता है !

सुन रही हो न !

– जी ममू !

– लड़की, परिवार के बीचोबीच छोटी-मोटी कर्म-भूमि बिछी रहती है। यहीं से स्त्री को अपनी और दूसरों की प्रतीति होती है।

माँ बनकर तो वह तीनों काल जी लेती है। तुम्हें गृहस्थी नहीं लगी सो तुम अपने में जी रही हो।

– और दूसरे, अम्मू ?

– अपने-अपने दड़बों को सँवारने में लगे हैं।

लड़की, जो तुमने इस घर को किया-दिया, उस गणित का कोई गुणाफल नहीं। माँ का आशीर्वाद ही है।

सूसन दरवाज़े में से झाँककर–

– अब अम्मीजी को उस कमरे में ले चलें।

– सूसन, अम्मू को कुछ देर यहीं लेटे रहने दो। हाँ, एक काम करो–

फ्रिज़ में से ठंडा पानी, बर्फ़, नीबू और गिलास यहाँ रख जाओ। तुम कुछ देर आराम कर लो, ज़रूरत पड़ेगी तो तुम्हें जगा लूँगी।

सूसन मेज़ पर ट्रे रखती है।

– लड़की, तेरा कमरा भरा-पूरा लग रहा है।

– अम्मू, आपके यहाँ होने से !

लड़की नीबू निचोड़कर बर्फ़ डालती है और गिलास भरती है। अम्मी एकटक निहारती रहती हैं।

लड़की सिरहाने पर कुशन टिका अम्मी को टेकन देती है।

– अम्मू, गिलास थाम सकेंगी !

– हाँ, पकड़ लूँगी !

– लीजिए अम्मू, चियर्स !

अम्मू सिर हिलाती हैं।

घूँट भरकर–

– लड़की, हम कहीं-न-कहीं, कभी-न-कभी मिलेंगी ज़रूर। एक-दूसरे को पहचान लेंगी। इतनी बड़ी दुनिया है। इसमें भूल नहीं हो सकती। माँ कहीं भी हो, बेटी कहीं भी हो, माँ कोई भी हो, बेटी कोई भी हो—माँ-बेटी तो माँ-बेटी रहेंगी। रहती दुनिया तक।

लड़की रुलाई रोक देर तक माँ की ओर देखती रहती है। फिर लंबे क्षण तक गिलास में के तरल को, और गहरा घूँट भरकर गिलास ताज़ा कर लेती है।

अगला दिन।

अम्मू चुपचाप ख़ामोश लेटी हैं। अबोला उतर आया है।

हाथ की चूड़ियाँ उतार तकिए के नीचे सरका देती हैं।

ओढ़ी हुई चद्दर गुमेचकर फ़र्श पर फेंकती हैं।

सिर के नीचे वाला सिरहाना निकाल किनारे रख देती हैं।

कुशन उछालकर दरवाज़े की दहलीज़ पर डाल देती हैं।

अपने नीचे बिछी चद्दर को खींचने की कोशिश में सिर को दाएँ-बाएँ घुमाती हैं।

सूसन कमरे में आते ही—

— अम्मीजी, आप यह क्या कर रही हैं !

— देख तो रही हो कि क्या कर रही हूँ !

— अम्मीजी, ऐसे तो नहीं करते...

— ज़रूरत पड़ जाए तो करते हैं !

— मैं बिस्तर बदल देती हूँ, अम्मीजी !

अम्मू चुपचाप ड्रेसिंग खोलने लगती हैं। रुई, गाज़, पट्टी बारी-बारी खींचकर ढेर चिलमची में फेंकती हैं।

सूसन दीदी को बुला लाती है।

लड़की पास आकर मुलायम स्वर में—

— अम्मू, भला यह क्या हो रहा है !

— वही हो रहा है जो देख रही हो !

— अम्मू, इस तरह खींचने से घाव रिसने लगेंगे। क्या गरमी लग रही है ?

— नहीं, मुझे सरदी लग रही है।

लड़की कूलर ऑफ़ करती है।

अम्मी गुस्से में–

– गरमी-सरदी जो भी हो, अब सब सामान निकालकर बाहर कर दो !

अम्मू अपने गले से चेन उतारने की कोशिश करती हैं।

– उतार दो। नहीं चाहिए। अब कुछ नहीं चाहिए।

लड़की प्यार से–

– *अम्मू, ऐसे नहीं !*

अम्मू विस्फारित नेत्रों से देखती चली जाती हैं।

– अम्मू, किसी चीज़ पर मन हो...इच्छा हो...

अम्मू तर्जनी से–

– चुप !

– अम्मू, क्या बात परेशान कर रही है आपको ! मुझे बताइए तो ! बता दीजिए !

अम्मू लंबे क्षण तक दरवाज़े की ओर देखती चली जाती हैं। फिर संकेत से लड़की को पास बुलाती हैं, जैसे कान में कुछ फुसफुसाती हों।

– जैसे मैंने यह ऊपर की चद्दर उतारी है, वैसे ही मेरा बदन उतार दो। मुझ पर से मेरा शरीर अलग कर दो। अब और नहीं सहा जाता।

लड़की माँ पर झुकी रहती है।

सतर्क। स्तब्ध।

– मेरे कपड़े घर में नहीं रखना। सब निकाल देना। कहीं भेज देना। दूर। आँखों से ओझल कर देना इन्हें।

लड़की एक कौंध में माँ के अन्तराकाश में से जैसे कुछ पकड़ पाई हो। कंठ को संयत कर कहा–

– अम्मू, आप जैसा चाहती हैं, वैसा ही होगा। पर एक बात मेरी भी सुन लीजिए–

मैं आपके पहनने के कपड़े किसी को नहीं दूँगी। मैं उन्हें पहनूँगी।

अम्मू, सुन रही हैं न!

इस बारे में आप कुछ भी कहेंगी तो भी मैं मानूँगी नहीं।

अम्मू के चेहरे का तनाव तकिए में घुल जाता है।

अगली सुबह अम्मू चौकस लगती हैं।

– सूसन, आज धीमे क़दम उठा रही हो। रात को सोई नहीं !

– नहीं अम्मीजी, मैं सो गई थी।

– तो क्या मैं मचल मारकर लेटी हुई थी ?

सूसन, तुम्हारा मरीज़ सोएगा तो तुम सोओगी।

मरीज़ जागेगा तो तुम जागोगी।

सूसन हँसती है।

– मेरी बात सुनो सूसन, पास आओ !

दस्तख़त हो गए हैं।

अब तैयारी ही समझो।

दस्तावेज़ भी बन चुका है।

सूसन ज़रा बाहर झाँककर देख।

आसमान पर कोई बादल का टुकड़ा दीख रहा है ?

सूसन बालकनी से लौटकर–

– अम्मीजी, आसमान तो बिलकुल साफ़ है। कोई बादल नहीं। तेज़ धूप है।

– तुम मेरा गुसल तैयार करो। आज मैं बदन पुँछवाऊँगी नहीं। गुसलख़ाने में नहाऊँगी। शावर से।

– अम्मीजी, डॉक्टर साहिब को फ़ोन करके पूछ लें।

– नहीं। वह दवा-दारू का कर्ता-धर्ता है। उसका काम तो हो

चुका। अब वह मेरी देह का डॉक्टर नहीं।

सूसन, इन सब डॉक्टरों के ऊपर भी एक बड़ा डॉक्टर है। ऐन वक़्त पर फ़ीस की जगह आदमी का आदमी वसूल कर लेता है।

– अम्मीजी, मैं ज़रा दीदी को जगा दूँ।

– उसे सोने दो। उसके सिर पर बड़ा काम आनेवाला है। थोड़ा आराम ले सके तो अच्छा है। हाँ, ज़रा वह साबुन तो लाकर बता जिससे नहला रही हो !

– अम्मीजी, यह रहा !

– न। यह नहीं। मेरी कैबिनेट में डिब्बा रखा है। उसी में से एक टिकिया निकाल लो।

सूसन, यह साबुन बच्चों के लिए है। त्वचा को खुश्क नहीं करता।

लड़की पास खड़ी होकर त्रस्त-सी देखती है।

– अम्मू, नहाने से पहले नाश्ता कर लें !

– जैसा कहो। नाश्ते में क्या मिलनेवाला है आज !

– आप जो भी चाहें ! आमरस, टोस्ट, अंडा, पराँठा, दही, मक्खन...

अम्मू हँसती हैं–

– मेरा वज़न बढ़ाकर ऊपर भेज रही हो क्या ! वहाँ कौन-सी मेरे ज़िम्मे मेहनत लगनेवाली है। लड़की, यही लोक है जहाँ मनुष्य हाथ से काम कर कुछ सँवार सकता है। ऊपर घर-घर चूल्हे नहीं जलते। न ही काया में अग्नि का स्फुरण होता है। किसने देखा आँख से बैकुंठ धाम ! कहीं और नहीं, जीनेवालों का तीर्थ-धाम यहीं है...यहीं।

अम्मी रात की नींद में...

अचानक अचकचाकर–

– तुम लोगों को क्या हो गया ! दोनों बेध्यान सोई पड़ी हो। उठकर ज़रा देखो तो सही मुझे !

लड़की पास झुकती है–

– क्या बात है, अम्मू ?

– कौवों ने शोर मचा रखा है। काँव-काँव-काँव। इनकी फड़फड़ाहट मैं नहीं सुन सकती। उड़ा दो इन्हें। दूर भगा दो। मुझे सुनाई न दें।

लड़की खिड़की खोल उड़ाने की आवाज़ करती है। फिर कपाट बंद कर ममू को निश्चिंत करने के अंदाज़ में–

– अम्मू, अब सो जाइए। सब उड़ गए हैं।

– सब कौन ?

– कबूतर, अम्मू !

– क्या कबूतर ही थे ?

– हाँ !

– उन्हें दबोचने को बाहर बिल्ली ज़रूर बैठी होगी।

– नहीं अम्मू, बाहर कुछ नहीं।

– तुम्हें नहीं मालूम, लड़की ! शेर बैठा है। निगल जाएगा।

सूसन चम्मच से मुँह में पानी डालती है।

– पेड़ तले दीया कौन रख गया है। हवा चल रही है। बुझ जाएगा।

मुझमें दरारें पड़ रही हैं। अलग-अलग हो रहे हैं मेरे अंग। यह झमझमाते नीले चेहरेवाला कौन है ? क्या मुझे लेने आया है ?

जल्दी से मेरे बेटे को बुलाओ...

मेरे पास आओ बेटा...मुझे विदा करो !

– सूसन, अँधेरा क्यों कर रखा है ! मेरे पाँव के नीचे से सीढ़ी मत उठा।
मैं आप सीढ़ी चढ़ूँगी।
ठउली मेरी सफ़ेद जूती ले आ–
मुझे मशोबरे तक जाना है।
लड़की, पिताजी से कहो मेरा इंतज़ार करें। मैं आ रही हूँ।

– हम काली बाड़ीवाले रास्ते से क्यों जा रहे हैं !
वहाँ तो बकरे और भैंसे कट रहे होंगे !
हट-हट-हट–
तांबई रंग की नरभक्षिणी मेरा पीछा कर रही है !

कहाँ से निकलूँ ?
मुझे सींगों पर उठा लेगी !
अँधेरे के थान-के-थान कहाँ से खुलते चले आ रहे हैं।
मुझे काहे को लपेट रहे हो।
मेरी आँखों को मत छुओ।
लड़की, अपने भाई को आवाज़ दो !
उसे जल्दी बुला लो !
खूँटे पर से मेरा घोड़ा खोल देगा।
उसे समुद्र-पार दौड़ा ले जाऊँगी मैं !

लड़की माँ का हाथ छूकर–

– अम्मू, डुबकी ले नहा लीजिए !
सब ठीक हो जाएगा !

लंबी साँस, थरथराहट और कमरे में सब शांत।

●●●